학교는
안녕
하신가

학교는
안녕
하신가

심규한 지음

학교 넘기, 너와 내가 주인이 되는 삶을 위해

도서출판 모시는사람들

서문

　요즘 고대의 한 학생이 벽에 써붙인 '안녕들 하십니까'가 많은 사람들의 억눌렸던 마음들을 자극해 여기저기서 응답의 글들이 붙고 있다. 대학은 물론 고등학교와 거리에서 각계각층의 사람들이 안녕하지 못한 사회의 안녕하지 못한 마음들을 나누며 공감을 얻고 있다. 억눌리고 억눌러 말하지 못했던 것들이 얼마나 많았는지 새삼 실감한다. 학교는 어떨까? 학교는 안녕하신가? 하지만 학교는 안녕했던 적이 거의 없는 것 같다. 그런데도 언제나처럼 건재하다. 왜 안녕하지 못한 학교는 안녕한가?

　이 책은 그동안 친구들을 만나며 내가 학교와 교육에 대해 고민하며 썼던 글들 중 일부를 모아놓은 것이다. 그렇기 때문에 유기성이 떨어지고 중언부언하는 느낌이 들지도 모르겠다. 하지만 각 편마다 독립성이 있으면서 전체를 관통하는 생각의 흐름이 있다고 생각한다. 이해해주기 바란다.

　책을 크게 세 부분으로 나누었다. 1부는 교육제도에 대한 비판의 글들을 주로 담았다. 교육제도에 대해 여러 가지 불만이 많았던 분들에겐 공감이 될 것 같다. 2부는 여러 가지 논의할 만한 것들에 대한 분석적인 글들을 모았다. 심리학, 역사학, 언어학 등의 분야를 넘나들고 사변적인 내용이 많기 때문에 독자에 따라서는 흥미를 가질 수도 있고, 어렵게 느낄 수도 있다. 3부는 대안에 대한 글들을 모았다. 비판보다는 긍정적 대안을 다루기 때문에 읽기에 더 편할 것이다. 하지만 각 부에는 다른 곳에 들어갈 만한 것들이 섞여 있기도 하다. 교육과 계몽에 관한 이야기들은 2부에 넣지 않고 1부에 넣었다. 한편 아쉬운 점도 있다. '폐교에 붙이는 조사'는 중언부언이 특히 많은 글이다. 눈사람을 굴릴 때 같은 면이 여러 번 겹쳐지듯 같은 말을 반복하면서 내용을 전개해 나갔다. 논의보다 안타까움에서 그런 형식이 나왔다. 글을 다시 쓸까 하다가 그대로 두기로 했다. 이해를 구한다. 3부의 '생태적 시각의 교육'은 '생태적 교육론'을 본격적으로 다루지 않은 아쉬움이 있다. 다른 기회를 기약한다.

돌아보니 내 교사 이력도 참 특이한 것이 되고 말았다. 내 교육관에 가장 영향을 주었던 것은 대학 시절 참빛야학의 생활과 이반 일리치의 『탈학교사회』이다. 야학에는 10살 아이부터 4, 50대까지 다양한 연령층의 학생들이 있었는데, 나는 그곳에서 삶을 배웠고 삶의 교육에 대한 신념을 갖게 되었다. 그 무렵 읽은 일리치의 『탈학교사회』는 근대교육제도와 학교에 대한 통찰력을 주었다. 벌써 20여 년이 지났지만 나의 교육관은 '삶'과 '탈학교'를 중심으로 확장한 것에 지나지 않는다. 내가 이 책을 통해 할 수 있는 기여는 아마도 일리치의 생각을 좀 더 다양한 분야와 차원으로 전개시켜 봤다는 점일 것이다.

그리고 보니 나는 학교에서 거의 전 연령대를 만나본 것 같다. 일반학교에 다닐 때는 남고, 여고, 남녀공학 모두에서 친구들을 만났고, 대안학교에 다닐 때는 중등친구들을 만나다가, 초등 3학년 친구들을 만나기도 했으니, 초중고의 다양한 연령대를 모두 경험한 셈이다. 야학까지 합하면 그 연령대가 더 다양해지니 교사로서는 예외적인 축복을 받은 셈이다. 하지만 아직도 친구들을 생각하면 눈물이 난다. 노무현 전대통령이 돌아가셨을 때 '지·못·미'라는 말이 유행했다. 내 마음이 그렇다. 아픔도 오래 남고 아름다움도 오래 남는다. 생명력으로 충만한 친구들에게 나는 얼마나 부족했는가? 우리는 얼마나 부족한 어른들인가? 여기에서 비롯된 안타까움과 미안함이 내 글에서는 자주 분노로 표현되기도 하였다. 이해해 주기 바란다.

어느 분 말씀처럼 내 삶도 3년 정도의 주기로 변하는 것 같다. 이래저래 변화가 많은 삶이다 보니 학교에서 만나던 친구들과 연락이 끊어지는 경우가 많다. 교육에 관한 책을 내자니 불현듯 보고 싶은 얼굴들이 많다.

벗들아, 나는 늘 부족했다. 너희는 나를 늘 웃기만 하고 화낼 줄도 모르고 고민도 없이 사는 것 같다고 했다. 나는 늘 미안했다. 내 사랑과 고민이 미치지 못했다. 하지만 사랑은 아직 끝나지 않았다. 너희는 여전히 아름답다.

이 책이 우리 모두에게 작은 응원이 되었으면 좋겠다.

2014년 1월

심규한

차례

서문 | 5

1부 | 학교는 안녕하신가

마지막 수업 | 12

교육을 삭제하라 | 15

교육을 말하기 전에 가족과 사회를 말해야 한다 | 26

교사는 선생이 아니다 | 34

성장이 아니라 성숙이다 | 41

교육의 탄생 | 52

교육의 신화 | 63

교육의 목표 | 78

계몽의 과제 | 86

2부 | 오래된 이야기

우리들의 무기 | 96

말의 역사 | 99

말과 제국, 그리고 교육 | 110

오이디푸스사회, 오이디푸스학교 | 123

잉여사회, 잉여학교, 그리고 스콜레 | 149

상상하라, 이야기하라, 너의 삶을 살아라 | 160

몰입할 권리 | 184

폐교에 붙이는 조사 | 195

3부 | 새로 꾸는 꿈

세상 모든 들판을 | 206

생활이 학교다 | 209

반교육의 시작 | 221

지금 여기의 교육 | 226

반교육, 비폭력의 실천 | 234

게슈탈트, 삶의 학교 | 241

아마추어 교육론 | 252

생태적 시각의 교육 | 260

대안도서관을 위하여 | 265

1부 학교는 안녕하신가

마지막 수업

애들아 종이비행기를 접자
북! 북! 북! 책을 찢어
교과서며 예쁜 그림 오려
시험지면 어때? 네모난 시간표는 어때?
짝꿍 연애편지라도 접어
옥상으로 달려가자 우르르
달려가서 던지자

하늘로
지상으로

파랗게 날아가는 종이비행기

꼬마 비행기 못난 비행기 왕 큰 비행기
신문지며 화장지 담탱이 미친개 네 눈물
콧물 영어책도 도덕책도 날아가는 것 봐
미끄러지는 것 봐
날리면 다 날아!

저 곡선을 봐, 저 직선을 봐
훨훨 날고 빙빙 돌고 추락하고
저마다 제멋대로 안착하는
수백 송이 꽃들이야
넌 자유야
학교가 어딨어 세상이 학교야
네가 선생이야

교장선생님 머리 위로
학생부장 머리 위로
우리들의 님들 머리 위로
라일락 향기 속으로
그리고 바람 속으로

남북통일이고 GDP고 다 소용없어
실업자고 판사고 의사고 다 소용없어
우리는 자유야

이제부터 하늘의 독재야 만세!
마음껏 소리치자
그리고 걷는 거야
심호흡하고
깊고, 천천히
그리고 뛰는 거야

길은 필요 없어 가는 거야 가면 길이야
삶이 길이야

안녕!
나의 종이비행기!

교육을 삭제하라

  " 내가 학생일 때나 교사일 때나 학교는 똑같다. 여전히 적자생존의 전쟁터다. 그리고 간혹 아이들이 사라진다. 지금도 해마다 6, 7만의 아이들이 학교를 떠나고, 250여 명의 아이들이 자살을 한다. 하지만 아무도 '그만'을 외치지 않고, 아무도 묻지 않는다. 우리는 옳은가? "

학교의 우물

간혹 우물 안 개구리에게도 한줌의 햇살과 얼핏 의문이 찾아올 때가 있을 것이다. 잠깐 우물 밖 세상을 상상할 수도 있다. 하지만 우물 안 개구리는 우물을 둘러싼 벽의 상식에 갇혀 우물 밖은 대단히 위험하다고 생각하고, 감히 우물을 벗어날 생각을 하지 못한 채 안주하게 된다. 꿈은 잊혀진다. 왁왁거리는 시장의 소란과, 플라톤의 동굴 감옥에 비쳐진 그림자 영화에 감각을 빼앗긴 채 가능성 없는 현실이 유일이 된다. 뒤돌아보는 것도 어렵지만, 앞으로 뛰어가는 건 더 어렵다. 하지만 참을 수 없는 지경에 이르면 일탈이 나오기 시작하고, 그리고 일제히! 봄을 찾아 쏟아져 나오는 개구리들!

100년 된 한국의 학교라는 우물은 단단한 벽돌로 만들어져 있고, 우물 안에선 늘 같은 소리가 메아리친다. 지각하지 말아라, 말 잘 들어라, 딴 생각 하지 말아라, 공부 열심히 해라, 시험 잘 봐라, 좋은 대학 가서 훌륭한 사람 돼라. 공부 못하면 낙오자 된다. '예수천국 불신지옥'의 피켓을 들고 거리를 배회하는 종말론자처럼, 학교라는 중세 교회는 믿음 대신 공부로, 실력을 쌓아 미래를 보장받으라고 강변한다. 하지만 학교의 교리와 교사의 권위는 과연 옳은 것일까?

우리가 단지 한 개 우물에 지나지 않는 교육과 학교를 지나치게 맹목하고 있는 것은 아닌가? 그렇다면 얼마나 무서운 일인가? 오즈의 마법사처럼 잔뜩 부풀려진 권위에 너무나 많이 또 오래 복종한 것이라면. 과연 우리 아이들이 자기 삶의 주인이 되어 경쟁과 지배 대신, 서로 사랑하고 자유롭고 평등하게 사는 길은 없을까? 확실한 것은 100년 묵은 이 학교가 그것을 가능하게 할 것 같지 않다는 것이다. 그렇다면 이제 학교라는 마법사의 가면을 벗겨 보자.

교육의 권위

'교육(敎育)'은 원래부터 권위적이다. 그래서 언제나 잠재적 위험을 내포하고 있다. 사랑이 그것을 감싼다면 사랑의 권위는 나름 긍정적일 것이다. 하지만 힘에의 의지가 그것을 좌우한다면 교육은 가차 없는 폭력이 된다. 게다가 사랑의 권위만으로도 문제가 다 해결된 것은 아니다. 왜냐하면 권위 자체가 이미 내 의지에 따라 남이 말하고 행동하도록 하는 힘을 행사하기 때문이다. 권위에겐 이미 자발적 복종을 부르는 힘이 있다. 어른의 선의에 무력하게 기댄 아이들에게 권위는 더욱 절대적이다. 이질적인 것을 거부하고 자기동일화를 강요하는 권위의 힘을 떠올릴 때, 설사 내가 100% 옳아도 나는 이미 틀릴 수 있다. 너를 참된 너로 인정하지 않고 또 다른 나로 만들려고 하는 의지가 발휘되기 때문이다. 그러므로 교육은 권위에 의해 일상 속에 지배-복종 관계를 자연스럽게 형성하고 타자에 대한 폭력과 편견을 유포하기 쉽다.

교육의 권위주의적 성격은 교육이라는 말 안에 이미 내포되어 있었다. 그 뜻을 살펴보자. 교육(敎育)은 '가르치고(敎), 기른다(育)'는 뜻이다. 좋다. 하지만 누가? 또 무엇을? 여기 숨은 두 개의 얼굴이 있다. 바로 주어와 목적어다. 누가 누구를 가르치거나 기르기 때문이다. '누가'인 주어의 자리엔 선생, 부모 등의 어른이 들어오고, '누구를'인 목적어 자리엔 학생·자식 등 아이가 들어온다. 그런데 여기엔 위험한 전제와 가정이 도사린다. 주어인 '나'는 지식이 많고 성숙하며 옳다고 여겨지고, 목적어인 '너'는 지식이 없고 미숙하며 불안하고 위험하게 여겨진다. 한마디로 주어는 완전한 기준이고, 목적어는 불완전한 교정 대상이다. 잣대는 철저히 주어의 기준에 맞추어져 있다. 이 구분엔 인격적 차별과 세대 및 계급적 위계도 내포되어 있다. 결국 교육의 주체는 주어일 수밖에 없다. 목적어 '너'인 학생의 대상화는 이러한 이분법에서 탄생한다. 더구나 게으르거나 오만한 어른이 아이들을 주어의 자리에서 쫓아내고 독차지하게 되면, 아이들은 배우는 기쁨을 빼앗긴 채 타자화되어 복종의 고통을 견뎌야 한다. 학생은 끌어 앉혀져 주저앉게 된다. '교육'에 내포된 문법구조가 이미 폭력적이었던 것이다.

우리는 기성사회의 권위를 대변하고 거기에 복무하는 주어 '나'의 무오류성에 의문을 제기해야 한다. 물론 교육의 암묵적 주체인 '나'가 완전하고 올바르다면 문제도 적을 것이다. 그러나 기성사회와 그 대표자인 주어 자체가 불완전하고 잘못되었을 땐 과연 어떤 일이 벌어질까? 장님이 순진한 아이의 멀쩡한 눈까지 도려 장님을 만드는 일이 벌어진다. 우물 안 개구리가 우물 안 개구리를 가르쳐 우물 안 개구리를 만드는 것은 당연하다. 왜냐하면 우물 안 개구리는 결코 우물을 벗어나 본 적이 없기 때문이다. 우물 안 선생 개구리는 우물밖에 모르니 자기 확신과 사명감도 더 강하다. 우물 안 선생 개구리는 학생 개구리를 사랑하는 맘에 더욱 힘주어 우물에서 행복하게 사는 길을 강변할 것이다. 당연하지만 이러한 맹목이야말로 두려운 일 아닌가? 나는 세상의 모든 선생 개구리들이 힘차게 외치기 전에 잠시 생각해 보기 바란다. 자식을 둔 어른들도 교육에 대해선 선생 개구리에서 벗어날 수 없을 것이다.

정작 교육의 핵심 문제는 학생으로 불리는 드러난 객체인 목적어에 있는 것이 아니라, 숨은 주체인 주어에 있었던 것이 아닐까? 네가 잘못된 게 아니라 내가 잘못된 게 아닐까? 이것이 교육이 던져야 할 첫 번째 질문일 것이다. 아, 세상에는 사랑의 폭력이 얼마나 많은가? 그리고 아이들은 그 맹목의 사랑 때문에 얼마나 많이 희생되고 있는가? 수많은 주어들이 목적어를 위한다는 엉터리 자기기만에 빠져 교육하고 스스로의 잘못을 보지 못하는 일이 얼마나 많은가? 그래서 성인(聖人)은 '장님이 장님을 이끈다, 남의 교사 되지 말아라.'고 당부했던 것이다. 그렇다. 교육은 가치 있지만 모순되고 위험한 종교다. 교육의 교리는 확실하고 신도는 넘친다. 사명감 넘치는 교사들은 학교라는 신전에서 지상의 행복에 대해 설교한다. 그런데 이 교육이라는 종교의 신은 누구란 말인가? 그리하여 교육의 도그마에 사로잡힌 우물에는 중세의 어둠이 드리운다. 이제 참된 배움은 실종되고 주입과 순응에 이어 자기포기만 남게 된다.

반복하지만 한국 교육의 근본 문제는 배우는 대상인 학생이 아니다. 오히려 교육 자체와 교사, 그리고 학부모로부터 비롯된다.

그렇다면 교육 자체를 버릴 순 없을까? 그렇다, 교육을 삭제하자. 그리고 저절로 자라는 자연처럼 우리도 스스로 또 같이 배우고 성장하자.

가치전도

이 모든 문제의 뿌리는 교육을 '배움' 대신 '가르침'으로 보았기 때문이다. 그러니 이제 교육으로부터 '배움'을 되찾자. 교육을 버리고 주어가 주어이게 하자. 주어의 자리에 돌아와야 할 사람은 바로 학생인 '나'이다. 내가 배우고 내가 '공부(工夫)'하는 것이다. 그런 다음 교육이라는 말을 허용해 내가 나를 가르치는 것이다. 여기서도 주어는 변함없이 하나다. 바로 '나'이다. 대신 이제 목적어가 자유롭게 계속 변한다. 주어인 내가 역사를 공부하고, 영어를 배우고, 자연을 배우고, 삶을 연습하고, 기술을 배운다. 주체인 나의 호기심과 열정에 비례해 목적어는 한도 끝도 없이 늘어날 수 있다. 그리고 또 한 가지 다른 점이 생긴다. 바로 부사인 '누구로부터'가 다시 한도 끝도 없이 많아진다는 것이다. 부사인 누구는 교사일 수도 있지만, 이웃 아저씨일 수도 있고, 시장의 상인일 수도 있고, 책이나 영화일 수도 있고, 산이나 나무일 수도 있다. 교육이 '배움'의 관점을 회복하면 가르침의 독점과 지배도 해소된다. 제 삶을 방기하고 싶은 사람은 없다. 누구나 가치 있는 삶을 살고 싶고 행복하고 싶다. 배움에 대한 욕구도 누구에게나 있다. 사람은 누구나 교육에 의해 대상화되지 않고 배움과 공부의 주인될 권리가 있다. 교육의 의무 대신 배울 권리를 되찾아야 한다. 그것은 국가가 할 명령이 아니다. 권위적 제도교육에 자신을 맹목적으로 내던지는 일이 있어서는 안 된다. 하려거든 국가는 부를 평등히 분배하라. 배움이라는 자연의 권리를 누리도록 환경을 조성하라. 누구나 태어나 삶의 주인으로 자유롭게 살 권리가 있다. 배움과 공부는 자연이 부여한 자유롭게 살며 행복을 추구할 권리의 일부이지 국가가 부여한 의무가 아니다. 그러니 국가가 부여한 교육 대신 자연이 부여한 배움과 공부를 택하자는 것이다.

그렇다. 우리는 이제 평등하게 배울 권리를 주장하자. 돈이 없다고 학력이 미달된다고 못 배우면 안 된다. 서울대학교에 좋은 강의가 있거든 듣고 싶은 자 누구나 자유롭게 들을 수 있어야 한다. 교육을 독점하지 말라. 교육의 의무를 말하기 전에 배우고 싶을 때 배우는 것을 방해하지 말아야 한다. 오히려 배우고 싶을 때 자유롭게 배울 수 있는 기회를 주어야 한다.

그리고 삶을 되찾자. 아이는 아이의 삶을, 어른은 어른의 삶을 되찾자. 삶 속에서 배움을 녹이자. 교육의 의무에 짓눌리지 말고 자유롭고 평등하게 배울 권리를 되찾아 삶을 누리자. 학교의 가면은 벗기고, 확성기는 *끄자.*

자연은 삶을 배움으로 충만하게 했다. 삶 자체가 지속적인 배움이다. 동물이든 식물이든 쉼 없이 배운다. 사회적 동물인 사람은 물론 말할 것도 없다. 배움은 '따라한다'는 말인데, 뭔가 어떤 이유가 있지 않으면 나쁜 걸 따라하는 사람은 없다. 나쁜 걸 따라하는 데는 특별히 그럴 만한 이유가 있기 때문이다. 하다 못해 개도 제게 좋은 것을 따라한다. 시냇물이 강물이 되어 흐르는 것도 앞의 물을 따라 흐르는 것이고, 지구에 생명이 번성하게 된 것도 각 생명들이 살며 배워 점차 확장된 때문이다. 그렇게 따라하다 보면 점차 '자기 식'이 만들어진다. 그게 창조적 진화과정을 이루게 되는 것이다. 보라, 나뭇잎도 배워 알아 반짝인다. 우리는 법칙이요 본능이라고 말하지만, '배움'과 '공부'가 가진 '따라서 반복하는 것'이 길을 내어 법칙이 되고 본능이 된 것이다. 우주 자체가 배우는 과정이라면 배움이란 얼마나 값지고 기쁜 일인가? 하다 못해 길드는 것 안에도 배움이 있고, 사랑 안에도 배움이 있다. 서로가 서로를 배우면 서로가 서로에게 길들고 서로가 서로를 사랑하게 된다. 그러니 배우는 것만큼 평화를 앞당기는 것도 없다. 자연의 모든 존재가 배우는데 영특한 사람이 배우지 못하겠는가? 주눅 들지 말자. 천재란 없다. 다른 사람이 한 것은 나도 할 수 있다. 당장 모르면 한 번 더 다시 한 번 더 따라하면 된다. 천천히 내 속도대로 따라하면 결국 나도 하게 되고 내 식이 만들어진다. 그럼 나는 거기서 한 걸음 더 나갈 수도 있다. 남들은 한 걸음 더 나간 사람을 천재라고 부르지만 그는 열심히 배운 사람일 뿐이다. 아직도 가르치고 싶은 사람이 있다면 '좋은 본'을 보이면 된다. 좋은 본은 누구나 따라하고 싶은 법이다. 정히 교사가 되고 싶다면 삶의 본을 보이고 앎과 함의 본을 보이면 된다. 결국 배울 사람이 배운다. 듣고 싶지 않은 사람에게 앵무새처럼 강변하는 것은 폭력이다. 그러니 이제 자연이 부여한 배움의 권리를 되찾자. 배움의 주어가 되고 주인이 되자. 삶 자체를 학교로 받아들이고, 삶 속에서 서로가 서로에게 배움의 벗이 되자. 삶을 삶이게 하자.

교육의 삭제

그러나 편견과 고정관념에 사로잡힌 교육의 가치 전도가 이루어지지 않는다면, 소위 대안학교니 홈스쿨링이니 하는 진보적 교육의 틀도 교육이라는 이분법적 차별관에서 벗어날 수 없다. 이쯤에서 교육이라는 말을 지우자. 교육을 그런 특수한 개념과 연령 그리고 직업 따위로 한정하지 말자. 배움은 삶에 있다. 배움을 삶에 융해시키자. 삶 속에서 끊임없이 지속되어 왔고, 지속되고 있고, 또 지속될 것이 도대체 뭐라고 생각하는가? 우리는 이미 배우고 있다. 우리는 이미 알고 있다. 특별한 학과의 지식과 기술의 전문성이라는 권위에 복종하는 것은 오즈의 마법에 걸려드는 것이다. 경제적 수단을 얻기 위해 가는 학교는 참된 삶에 기여하는 참된 배움을 줄 수 없다. 배움은 받는 게 아니라 주체가 하는 것이기 때문이다. 그것은 능동적인 것이다. 교육이 그렇게 강변하는 건강한 민주시민이 되기 위해서라도 학교의 규율과 명령 체계를 내면화하여 복종하는 일을 그만두고,

학교의 교육 독점 행위에 대해 우리는 반대를 외칠 수 있어야 한다. 계속 학교에 자신을 맡기고 주체를 빼앗긴 객체의 무리가 될 것인가? 아니다, 그렇지 않다.

교육을 살리기 위해서라도 교육을 죽이자. 그리고 나를 격려하고 삶의 주인이 되자. 그러기 위해서 교육을 삭제하자. 그동안 우리는 삶과 자연으로 난 창을 닫고 살았다. 이제 창을 열고, 삶에서 벌어지는 모든 현상을 맞이하자. 모두가 위대한 선생이고, 모두가 위대한 가르침이다. 독점적 지식과 독점적 선생에 묶이는 것은 스스로 가난해지는 일이고, 삶 자체를 모독하는 일이다. 우리는 늙어죽을 때까지 삶을 통해 배울 것이다. 아침에 도를 들으면 저녁에 죽어도 좋다는 말이 나올 정도로 배우는 것은 기쁠 것이다.

하지만 보라. 우리는 저 유유히 흐르는 강물에 감히 뛰어들지 못하고, 소나기 내리는 들판을 달리지 못한다. 경계는 두렵다. 우물 밖이란 언제나 두려운 법이다. 그리하여 사람들은 다시 삶의 창을 닫는다. 현재를 저당 잡히고 과거와 미래로 도망친다. 보라! 자유로운 삶이 위험한 모험이 되고, 보험 없인 꼼짝 못하는 우리의 처지를 보라. 비 오는 밤을 세워 와와와와 울어댈 뿐이다. 어제의 꿈을 잊고 학교의 벨은 다시 힘차게 울리고, 죽은 지식과 시험과 전문가들이 우리의 변함없는 현실을 농락할 것이다. 하지만 끊임없이 유동하며 흐르는 저 삶의 강물은 벌써 바다에 닿고 있다. 그러니 잊지 말자.

유다여, 네가 판 것은 자신이었구나.

　우리가 이 모든 두려움을 버릴 때 세상은 이미 달라져 있을 것이다. 남들이 보기엔 그대로이지만 내가 사는 세상은 전혀 다른 세상이다. 그러니 제발 배움의 기쁨을 고정된 지식 따위에 팔아 버리지 말자. 세상을 껴안자.

　그렇다면 사회는 이렇게 바뀌리라. 모두가 삶에서 같이 배우므로 가르치는 사람과 배우는 사람의 위계는 물론, 배운 사람과 못 배운 사람의 차별도 없어지리라. 배우면 배울수록 겸손해진다고 하지 않는가? 잘못된 비교의식에서 생기는 우월감과 열등감, 내지 전문인과 우민의 편견도 사라지리라. 지식이 곧 돈이라는 말을 용납하지도 않을 것이다. 대신 그늘에 소외되었던 사람들과 자연이 돌아올 것이다. 더 풍부해진 삶과 행복이 관계의 역동성 속에서 나타나고, 자유와 평등은 저절로 실현될 것이다.

　교사들이여, 그리고 학생들이여! 교육을 삭제하자.

교육을 말하기 전에
가족과 사회를 말해야 한다

> 66 아이들의 문제는 가족과 환경에 기인하는 경우가 많다. 그래서 교사들은 문제학생 뒤에는 항상 문제부모들이 있다고 말한다. 하지만 알고 보면 부모 또한 각박한 사회에 아이를 제대로 돌볼 여유가 없다. 오직 돈 벌어 학교와 학원에 보내기만 급급할 뿐이다. 문제사회가 있었던 것이다. 99

두 가지 교육

교육을 이야기하면서 우리는 항상 제도교육의 학교에만 제한하여 논의하는 경향이 있다. 하지만 교육이라는 간판을 내걸고 하는 제도교육이란 사실 우리가 사회환경 속에서 자라며 저절로 받게 되는 무의식적 교육에 비하면 빙산의 일각이요 몸통에 붙은 머리일 뿐이다. 그러니 우리가 교육 문제를 좀 더 엄밀히 살펴보려면 교육을 이원화해서 고찰할 필요가 있다.

하나는 국가에 의해 주도되는 학교교육이고, 다른 하나는 제2의 자연인 사회, 특히 현대는 신자유주의에 의한 세계화된 자본주의 사회의 교육일 것이다. 앞의 교육이 인위적 교육이라면 뒤의 교육은 저절로 내면화되는 과정을 밟는 점에서 자연적 교육이라고 부를 수 있을 것이다. 앞의 교육이 부분적 교육이라면 뒤의 교육은 삶 전체를 포괄하는 총체적 교육이라고 부를 수 있다. 앞의 교육이 의식의 교육이라면 뒤의 교육은 의식되지 않은 상태에서 이루어지는 무의식의 교육이다. 이 둘 중 어느 것이 더 본질적이고 결정적이냐 하면 물론 뒤의 교육이다. 학교 현장에서 의식적 교육을 하면서 우리는 벌써 한계와 벽을 느낀다. 무의식의 교육에 의해 이미 생각과 생활의 습관이 잡히고 그것의 영향력에서 벗어나는 것이 거의 불가능하기 때문이다. 더구나 학교교육이 입시교육에 '올인'하는 상황이라면 의식적 교육은 이미 서열 다툼 기능 외에 무엇도 남지 않는 것이 되고 만다. 학교는 무의식에 의해 습득된 사유의 틀과 존재의 양식에 결코 영향을 미치지 못한다. 이렇게 학교화된 사회를 메트릭스 사회, 메트릭스 학교라 부를 수 있을 것이다. 영화, 인터넷, TV, 핸드폰, 신문 등 다양한 매체와 슈퍼마켓, 직장, 대중교통, 의료체계, 아파트 등 우리를 둘러싼 도시 환경 자체가 이데올로기의 메시지와 자본의 행동양식을 24시간 반복하고 있다. 사회적 동물인 인간은 대중이 되어 그가 비판의식이 있건 없건 일단 그 흐름에 추수적으로 복종한채 살아가게 된다.

사회의 위기, 교육의 위기

그러나 우리가 사는 사회를 너무 절대시하지 말자, 우리는 단지 서양문명이 개발한 자본주의 사회에서 살 뿐이다. 무한한 이익을 추구하며 자본주의는 모든 것을 상품화한다. 자연도 인간도 예외는 아니다. 인간의 상품화는 노동자로 나타났다. 처음엔 남자가 노동자로, 다음엔 여자가 노동자로. 그리고 노인과 어린이들이 가족에서 떨어져 개인으로 남겨지게 되었다. 집에서 가족이 하나둘 사라지는 대신 집은 상품들로 채워지기 시작했고, 이제 유형무형의 각종 상품 없이 삶은 불가능한 것이 되어 버리고 말았다. 각자인 개인을 둘러싼 것은 가족이 아니라 상품들이다.

자본주의가 원자화된 근대적 개인을 주조한 이유는 단순하다. 바로 그런 개인들이어야 유연한 노동시장의 노동자가 되고 상품시장의 소비자가 되기 때문이다. 자본주의는 가족과 지역공동체를 하나하나 깨어 나갔다. 근대화란 그렇게 만들어진 도시화를 의미한다. 국가는 국가 발전이라는 미명하에 정책적으로 그것을 실행했다. 즉 자본주의는 국가라는 기구를 통해 가족과 지역공동체를 성공적으로 파괴해 나갈 수 있었다.

아이들을 양육하며 자연 교육을 실행했던 가족과 지역공동체가 사라지면서, 아이들은 자본주의 시장에 직접 노출되어 길이 들어 버린다. 현대에 자연적 교육의 담당자였던 전통적 가족과 지역공동체가 와해되었다는 것이야말로 교육을 근본적으로 위협하는 요소인 것이다. 현대의 가족과 공동체는 이미 자본주의 시스템에 재편되어 기능하고 있을 뿐이다.

그러니 사람들이 오직 가시적으로 드러난 국가의 인위적 교육만을 논의하는 것은 소 잃고 외양간 고치는 격에 지나지 않는다. 우선 제대로 된 무의식적 교육 없이 의식적 교육은 불가능하며, 제대로 된 자연적 교육 없이 인위적 교육이란 어불성설이기 때문이다.

지나치게 현대사회를 비관하고, 전통적 가족과 공동체에 대한 향수에 젖은 것이 아니냐고 반문할 수도 있다. 문제는 가족과 공동체가 울타리 역할을 못하고 개인이 곧바로 상품시장에 노출되며 느끼는 무력감이다. 가족과 공동체도 넓은 의미에서는 사회다. 하지만 현대사회처럼 거대한 사회와는 다르다. 앞의 기본 단위들은 우리가 주체로 참여하여 의견을 반영하고 조정할 수 있다. 그런 면에서 인간적이다. 하지만 뒤의 사회는 거대 기계 사회인데, 너무나 엄청난 기계적 시스템으로 돌아가고 인간이란 한낱 부속으로 전락한 탓에 우리를 근원적 무력감에 빠지게 한다. 현대문명이라는 폭주기관차에서 주체의 의지를 발휘하기란 거의 불가능해 보일 정도다.

하지만 여전히 인생에서 중요한 것은 의미이다. 사람은 의미와 가치를 추구하는 존재이다. 가족과 공동체가 중요했던 원시사회부터 전근대사회까지만 해도 삶의 의미는 가족과 공동체에서도 충분히 발견되었다. 하지만 현대사회는 그것이 해체되면서 자본주의의 가치인 돈의 획득과 직업을 통한 사회적 지위의 획득으로 대체되었다. 치열한 생존경쟁 속에 살아남는 것은 쉽지 않다. 우리가 직면한 생존의 위기의식과 무의미, 그리고 공허의 근원엔 가족과 공동체의 해체가 자리하고 있다. 우리는 이미 새로운 전체주의 사회를 살고 있다.

21세기를 살아가는 우리는 현대교육의 위기를 말하곤 한다. 병든 제도교육 속에서 견디지 못하고 자살을 하거나 학교를 버리는 학생들이 나타나고, 사교육이 제도교육을 압도하여 변형시키고 있으며, 제도교육은 자본주의의 다양한 매체에 중독된 아이들을 어떻게든 장악하려고 발버둥치고 있다. 제도교육을 여전히 기회균등의 시각으로 받아들일 수 있을까? 제도교육이 부정적 사회 환경을 거부하고 개선할 수 있는 주체로서 아이들을 가르치는 것이 과연 가능하다고 생각하는가? 불행하게도 제도교육은 명분과 실제의 모순을 해결해 본 적이 한 번도 없다. 아니 오히려 약육강식의 사회 논리를 그대로 내면화한 교육과정을 그럴듯한 미사여구로 미화해 참된 이상을 질식시키는 데 앞장을 서고 있지 않은가?

우리가 교육을 이야기하면서 전체 교육의 일부에 지나지 않는 제도교육만을 비판의 대상으로 한다면, 우리는 사회의 무의식적 교육이라는 거대한 빙산의 몸체는 제쳐 두고 제도교육 속에 드러난 일각만을 상대하는 셈이다. 이것은 꼭두각시와 씨름하며 시간을 허비하는 것과 마찬가지다. 그래서 우리를 사회적 존재로 만들고 있는 자연적 교육에 대해 살펴보는 것은 반드시 빼놓지 말아야 한다.

자연적 교육과 공동체

또한 교육을 위해서 가족과 공동체를 다시 형성하는 것이 학교보다 중요한 일이다.

아주 먼 옛날에는 인위적 교육이 필요 없었던 적도 있었다는 것을 기억하자. 아이는 그저 엄마와 아빠 주변에서 놀거나 일을 거들면서 자연스럽게 가족의 기능을 습득하며 성인이 되어 갔다. 하지만 가족공동체에서 씨족공동체로 발전하게 됨에 따라 자유로운 개인에게 씨족 단위로 통합된 일원으로서의 정체성을 갖기를 더 요구하게 되었다. 인위적 교육은 바로 이 단계에서 출현하게 되었다. 원시사회의 다양한 입사식은 어른의 보호에 의존했던 아이가 어른으로서 자신이 속한 사회의 규율과 능력, 그리고 정체성을 전수받고 입증하는 과정이었다. 실로 유년의 모든 시간이 자연적 교육 과정에 할애된 것이라면 인위적 교육은 성인식 같은 특정한 기간에 제한된 것으로 그 사회가 필요로 하는 사회적 자아를 극적으로 주조하는 일이었던 것이다. 그리고 성인식을 통해 아이는 사회적 일원인 어른으로서 대우받고 책임을 갖게 되었다. 학교와 같은 인위적 기관은 바로 성인식과 같은 인위적 기관을 강화시켜 온 결과로 볼 수 있다. 그리고 이것이 의식적 교육을 본질적이고 총체적인 자연적 교육 안에서 살펴봐야 하는 이유이다.

그리스의 교육이 시민전사 집단을 양성했던 그리스의 교육처럼 신라시대의 화랑도는 원시시대의 성인식이 국가 단위에 계승되고 발전한 형태의 청소년 전사 교육 집단이었다. 이후 이 땅에도 의식적 교육을 위한 수없이 많은 제도와 기구들이 나타났다. 그러다 보니 우리가 의식적 교육 기구만을 너무 중요하게 생각해 본질적이고 총체적인 가족과 공동체의 교육적 역할과 가능성을 덜 주목하게 된 것도 사실이다.

물론 이미 늦은 감도 있다. 가족과 공동체가 이미 해체되어 가족 문화도 공동체 문화도 역사적 유물이 되어 제 기능을 발휘하지 못하고 있기 때문이다. 가족이 이미 자본주의의 시스템에 유기적으로 통합되고 종속된 상태에서, 본질적이고 총체적인 교육을 고려할 수 없는 상황에 처한 것도 사실이다. 그래도 물어야 한다. 아이의 삶을 둘러싼 것이 가족 혹은 공동체인가 아니면 오로지 자본주의의 상품일 뿐인가. 현실을 제대로 진단해야 올바른 대안의 길도 찾을 수 있기 때문이다.

최근 일각에서 교육 불가능이니 교육 포기니 하는 말이 나오는 것은 이런 맥락에서 이미 너무도 당연한 일일 수밖에 없다.

교직이나 목사직을 철밥통이라고 부른다. 철밥통을 붙드는 한 우리는 이미 본질적이고 총체적인 문제를 외면하는 부속으로서의 기능에 만족하는 것이다.

자본이라는 홍수 속에 부유물처럼 깨어져 떠내려 가는 가족과 공동체를 보는 것은 슬픈 일이다. 하지만 집이 무너졌다고 주저앉을 수만은 없다. 힘들더라도 다시 주춧돌을 놓고 기둥을 세우고 지붕을 이어야 한다. 그것이 우리의 방주가 될 것이기 때문이다.

교사는 선생이 아니다

> " 교사가 공무원과 더불어 인기인 이유는 철밥통이기 때문이지 다른 도덕적
> 가치 때문이 아니다. 학교는 교사고 학원은 선생이다. 이 말엔 무서운 편견
> 이 도사리고 있다. 자격증을 가진 교사는 인정받고 자격증이 없는 선생은 우
> 습게 본다. 뭔가 전도된 느낌을 지울 수 없다. "

교사와 선생

교사는 선생이 아니다. 선생이 교사인 것도 아니다.

단순한 말장난으로 생각할지 모르겠다. 하지만 말에도 역사가
있어 쉼 없이 변하며 시대를 반영한다는 점은 누구나 동의할 것이
다. 일상에서 우리는 말의 의미를 객관적으로 고정된 것처럼 사용
한다. 하지만 정확하지 않은, 단지 습관화된 말을 쓸 뿐이다. 그래서
대화를 하며 저마다 각기 다른 뜻을 가지고 이야기하는 경우도 많
다. 좋은 말도 마구 사용하다 보면 어느새 말이 가진 원래의 뜻과 사
회 · 역사적 맥락을 잃어버리게 마련이다. 그런가 하면 말을 성찰함
으로써 우리는 현실의 맥락을 새롭게 발견하기도 한다. '교사'와 '선

생'도 그런 예가 될 만하다고 생각한다.

교사(敎師)와 선생(先生)은 다르다. 교사는 '전문적인 내용을 가르치는 직업인'을 의미한다. 특히 근대교육 제도 아래 전문 분야에 대한 지도 자격증을 갖추고 초중고에서 학생을 가르치는 직업을 가진 사람을 가리킨다. 물론 교사의 연원은 '스승 사(師)'에서 알 수 있듯이 훨씬 오래된 것으로 보이지만 가르침을 업으로 가진다는 점에서는 동일하다. 즉 교사는 오로지 가르침을 업으로 삼은 사람인 것이다.

선생의 의미

하지만 선생의 의미는 훨씬 중층적이고 다차원적이다. 선생의 연원은 아마도 선사시대까지 거슬러 올라가야 할 것이다. 선생(先生)은 우선 '먼저 태어난 사람', 곧 '연장자'를 가리킨다. 그러나 학생(學生)이 '배우는 사람'이라는 뜻인 것처럼 생(生)이 사람을 뜻하므로 단순히 먼저 태어났다는 의미보다 먼저 겪거나 경험한 사람으로 이해하는 것이 더 타당할 것이다. 단순히 나이가 많은 사람을 가리키는 말이 아니라 먼저 태어나 경험이 풍부한 사람을 가리키는데, 이들 모두는 어린 사람들에게 풍부한 지식과 기술은 물론 지혜를 전해 준다는 점에서 문화 전수자의 역할을 한다. 원시사회에서 나이가 많다는 것은 곧 경험이 많다는 것을 의미하며 경험이 많다는 것은 전해 줄 지식과 기술, 지혜가 풍부하다는 것을 의미하기도 한다. 당연히 연장자는 존경의 대상이었다. 그러니 선생은 자연스럽게 연장자에 대한 존칭과, 남을 가르친다는 역할의 의미를 추가로 갖게 되었다. 가르침을 목적으로 한 교사와는 애초 다른 기원을 가진 것이다. 교사가 부분적 전문인이라면 선생은 전인에 해당할 것이다. 원시시대와 전통적 농업사회에서는 나이와 경험·지식의 양이 자연스럽게 비례했으니 인류의 거의 전 시대에 선생은 중요한 존재였다고 할수 있다. 그리고 명실상부하여 그 존칭의 의미도 합당한 것으로 보인다. 그런 의미에서 나이가 들고 경험이 많다는 것은 좋고 의미 있는 일이었다.

그러나 선생의 뜻은 여기에만 제한되지 않는다. '먼저 태어나다'라는 1차적 의미보다 거기서 파생된 '가르침을 줄 만하다'는 2차 의미가 강화되어, '가르침을 주는 것은 모두 선생'이라는 의미로 사용되기 때문이다. 즉 선생은 나이가 많아야만 하거나 고정된 존재가아니라 가르침을 주는 모든 대상을 의미한다. 인생이 선생일 수도있고, 경험이나 책이 선생일 수도 있다. 산이나 강, 나무 등 자연물이 선생일 수도 있다. 그렇기 때문에 선생은 따로 정해진 것이 아니다. 배움이 있고 가르침을 주는 모든 것이 선생인 것이다. 교사처럼 직업인으로 고정될 필요도 없다.

불교 『화엄경』의 「입법계품」에는 선재동자의 구도행각이 나오는데 선재동자를 가르친 건 53명의 선생이다. 그중에는 뱃사공도 있고 상인도 있고 창녀도 있다. 배움은 물론 가르침과 가르치는 사람이 정해진 것도 아니다. 한편 힌두교의 『찬도기야 우파니샤드』에 나오는 소년 사뜨야까마를 가르친 것은 소, 백조, 물새, 불 등이었다. 선재와 사뜨야까마의 사례는 색다른 교육의 가능성을 말해주는 것 같다. 그들을 가르친 선생은 교사만이 아니라 모든 사람이고, 생물은 물론 무생물이기까지 하다.

여기에서 우리는 사람은 물론 존재하는 모든 것과 세상이 곧 선생이라는 사상을 발견한다. 세상 모든 것에서 배울 수 있다면 세상이라는 학교는 얼마나 우호적이고 풍요로운 곳일까? 또한 경험의 중요성이 강조될 것이다. 선재동자의 여행과 사뜨야까마의 인내야말로 공부 과정이었던 것이다. 하지만 여기엔 중요한 특성이 하나 더 있다. 바로 배우는 사람에 대한 강조다. 가르치는 사람이 중요한 것이 아니다. 배우려는 사람의 욕구와 동기가 중요한 것이다. 배우고자 하면 세상 모든 것에서 배울 수 있지만, 배울 마음이 없으면 아무리 훌륭한 교사 앞에서라도 배울 게 없는 것이다. 배우고자 하는 사람에겐 그에게 적합한 가르침을 주기 위해 선생이 나타난다. 배우고자 하는 자가 두드리는 열망의 노크에 응답하여 선생이 다가오는 것이다. 선생은 학생이 부른 것이다. 배우고자 하는 사람의 이런 능동성이야말로 배움의 본질인 발견과 깨달음의 발화점일 것이다.

선생의 가르침은 교사의 가르침과는 다른 것이다. 우리는 선생의 가르침이 있었다고 말할 수 있을지 모르겠다. 배우긴 배웠는데 가르침이 없을 수도 있기 때문이다. 나무와 하늘에게서 배울 수는 있지만, 굳이 나무와 하늘이 의도를 가지고 가르쳤다고 말할 수는 없다. 그러나 배우는 사람은 나무와 하늘을 선생으로 삼고 선생으로 부를 수 있다. 배우는 사람의 배우고자 하는 의지, 그 능동성이 창녀와 황소와 악마까지 선생이 될 수 있게 했다. 또한 어린아이도 선생이 되어 다른 아이와 어른을 가르칠 수 있다. 선생과 교사는 확연히 다른 존재인 것이다.

사라진 선생

교사를 선생으로 부르는 것은 확실히 존칭으로서 가능하다. 하지만 선생을 교사로 부를 수는 없다. 선생은 가르침을 업으로 삼는 직업인이 아니기 때문이다. 그러나 교사를 선생으로 부를 때도 망설임이 생긴다. 그것은 직업으로서의 교사가 가진 한계 때문이다. 직업인으로서의 교사와 학생의 관계에서는 일종의 매매 행위와 같은 상황이 벌어진다. 선생의 가르침이 배우는 자의 앎과 깨달음을 돕는 것이라면, 교사의 가르침은 지식과 기술을 전해주는 것이기 때문이다. 안정된 직장에서 이미 충분한 대가를 받는 교사는 가르쳐야만

하는 사람이다. 그래서 교사의 가르침 강박이 오히려 참된 배움을 방해하기도 한다. 물론 우리가 선생이라고 부를 만한 열성 있는 교사도 있다. 하지만 시스템을 넘어서는 교사는 없다.

그래서일까? 나는 교사이던 시절 스스로를 선생이라 불러본 적이 없다. 나는 항상 선생으로서는 함량이 미달하는 교사였을 뿐이다. 또한 세상 모든 선생에 대한 죄책감과 채무의식이 있었다. 선생으로 불리고 대우받아야 할 사람이 많음에도 불구하고 교사 때문에 버려졌기 때문이다. 선생이 사라졌다.

한편 아이들 개개인의 열망을 외면하며 내가 가르치는 교과목에 집중하도록 권력을 행사하는 것도 편치 않았다. 물이 필요한 식물에게 물 대신 잘 자라라고 비료를 주는 것과 같은 경우는 없을까 생각했다. 그래서 교직에 종사하는 사람은 엄격히 교사라 부르고, 모든 사람에게 선생의 이름을 되돌려 주는 길은 없을까 고민했다.

근대교육 제도를 통해 교사가 가르침을 독점한 죄는 너무나 막대하다. 의무교육의 시행은 아이들을 가정과 사회부터 분리해 학교라는 담장 안에 가두고, 배움보다 가르침을 강조하며 교육을 학교 안에 제한시켜 버렸다. 그럼으로써 학교 밖 교육이 제거되고 저절로 소멸하게 하였다. 삶 속에서 만날 수 있는 수많은 선생들이 선생이 될 기회를 빼앗은 셈이다. 독점과 배제는 샴쌍둥이이다. 세상의 무수한 선생이 연기처럼 증발하고, 사람들은 도덕적 책임에 대한 부담을 덜게 되었다. 미래 세대에 대한 책임보다 자신의 이익에 매달리는 것은 당연한 일이다. 학교라는 교육 독점 기관은 역설적으로 만인을 가르침과 배움에서 소외시켰다. 그렇기 때문에 연장자로서 당연히 갖게 되는 선생으로서의 역할마저 사라지게 되었다. 소위 '쫑'이 없으면 가르치지도 못하는 사회가 되었다. 모두가 삶의 선생이던 전통사회와 비교하면 현재 우리가 누리는 존재감이란 보잘 것 없는 것이다. 아이들이 학교에서 배우기 때문에 부모와 노인은 가르칠 무엇도 없는 것처럼 느끼기도 한다. 이것은 사회적으로 선생이 사라졌음을 의미한다.

나는 교사를 매도하고 싶지는 않다. 다만 선생의 상실을 안타깝게 여길 뿐이다.

어떻게 하면 선생을 되찾을 수 있을까?

성장이 아니라 성숙이다

> " 학부모와 면담을 하며 부모들에게도 도움이 필요하다는 걸 느끼곤 한다. 요즘 부모들은 외로운 아이를 외롭게 키운다. 한 자녀를 키우며 어찌할 바를 몰라 한다. 한편으로는 아이나 어른이나 성숙지체가 현대사회의 일반적 특징이 된 것 같다. "

성장과 성숙

여기저기서 성장을 말한다. 경제만이 아니라 교육도. 교육의 관심도 아이의 성장인 것 같다. 성숙이라는 말은 인격에 한해서 개인적으로 칭찬할 때 쓰일 뿐이다. 하지만 우리 모두에게 정말 필요한 것은 성숙이 아닐까?

성숙 없는 성장, 이것이 오늘날의 교육과 사회에 대한 내 진단이다. 사회든 교육이든 진정한 목적은 성숙이 되어야 하지 않을까? 토마토 줄기가 자라는데 토마토는 열리지 않고 잎과 가지만 무성하게 자라면 그게 어디 토마토겠는가? 자연의 모든 존재는 조화로운 공존을 위해—그것이야말로 지속 가능성을 보장하는 요인인데—적정 수준에 도달하려고 한다. 지속 가능한 세계를 위해서라도 성숙이 필요하다. 끝없는 성장은 존재를 위협할 뿐이다. 곰팡이처럼 급속한 번식이나 공룡처럼 지나친 비대는 쉼 없이 몰락의 불안을 유포한다. 그런데 왜 성장만이 미덕이 되고, 성숙은 사회와 교육에서 사라지게 되었을까?

성장과 성숙을 가리키는 우리말은 '크다(자라다)'라는 동사다. 아이가 많이 컸다고 말하는 경우는 대개 두 가지다. 하나는 육체적으로 많이 자랐다는 성장을 의미하고, 다른 하나는 인격이나 태도 면에서 어른스러워졌다는 성숙을 의미한다. 성장은 자연의 적응과 관계된 자연적 변화이고, 성숙은 사회의 적응과 관계된 사회적 변화다. 물론 사회인으로서 어른이 되기 위해서는 자연적으로 성장하고 인격적으로 성숙해야 한다. 그러므로 성숙 안에는 사회가 필요로 하는 자기 통제력과 책임의식이 자리 잡는 것을 필요로 한다. 즉 성숙엔 사회적 의미가 담겨 있다. 그런데 어느 사이엔가 교육에서 성숙은 사라지고, 개인의 성장만 남게 되었다. 우리는 아이들의 성장을 얘기할 때 '크다' 대신 '잘한다'는 의미로 더 많이 사용한다. '잘한다'는 말은 능숙 곧 능력 신장을 의미한다. 교육이 학생에게 지식과 기술을 전수하고 능력을 신장하는 일로 변질된 지 오래되었다. 국어, 영어, 수학, 사회, 체육, 미술 등 수많은 과목을 통해 우리는 성숙이 아니라 성장을 이루려 노력한다. 여기서 중요한 것은 교육이 성장을 위한 인위적 노력이라는 점이다. 더구나 이것은 제도화하고 일상화하여 아동기는 물론 청년기를 지나 장년기에 이르기까지 '교육'이 진행된다. 아동의 전 성장 기간은 교육제도 안에 완전히 장악되었다. 자연에서의 성장이 자연스러운 과정인 것과는 대조적이다.

왜 교육은 이렇게 각종 능력의 인위적 성장에 매달리게 되었을까? 왜 우리는 성장 강박을 안고 능력주의 신화에 매달려 살게 되었을까? 제도권 교육이든 대안교육이든 성장 강박과 능력주의 신화에서 벗어나지 못하는 이유는 뭘까? 그리고 성숙한 사람을 만나는 것이 하늘의 별을 따는 것처럼 어려워진 이유는 또 뭘까?

교사도 유능해야 하고 학생도 유능해져야 한다. 사회가 유능한 사람을 요구하기 때문이다. 하지만 경쟁사회에서 유능한 것이 마냥 좋은 것만은 아니다.

애어른과 성장사회

성숙의 부재는 아이가 어른이 되어도 어른이 아닌 애어른으로서 남게 한다. 나는 교사와 학부모들 속에서 어른이 아니라 애어른을 만난다. 그것은 어른의 내면이 아이가 아니라 성숙이 불필요해진 사회에서 성장만을 과제로 안고 살아가는 사람의 모습이다. 교사든 학부모든 안정된 어른을 만나는 것이 쉽지 않다. 피터팬이 되어 버린이 시대의 어른들은 과연 성숙을 거부하는 것일까, 아니면 망각한 것일까? 나는 이 시대를 성숙이 사라진 시대라고 규정한다. 그 때문에 인격의 지체 현상이 일어나고 있다.

애어른의 특징은 자기(ego)가 강하다는 것이다. 교사는 남을 가르쳐야 하고 성장시켜야 한다는 강박을 갖고 있는 사람이다. 자기 생각과 지식에 대한 확신이 없다면 가르칠 수 없다. 더구나 학생과의 권위적 위계는 이를 더욱 강화시켜 교사를 성장 신화와 능력주의에 사로잡히게 만든다. 한편 학부모들도 지나치게 자기중심적인 애어른의 모습을 보여준다. 맞벌이 한 자녀 시대를 겪으면서 아이를 키우는 일에 대해 부담스러워하고 어찌할 바를 모르는 경우가 많아졌다. 특히 문제가 발생한 경우 애어른 부모는 아이와 자신을 분리하지 못하고 일체화하여 말하고 행동하는 심리적 편들기에 쉽게 빠져들기도 한다. 아이가 자신의 호흡과 방식으로 어른이 되어 갈 수 있도록 기다리거나 거리를 유지하지 못한다. 쉽게 개입하고 대신 판단한다. 부모의 지나친 관여는 성숙은 물론 아이의 성장도 방해한다. 부모와 아이가 '아이 나'로 심리적 일체가 되어 버린 경우도 발생한다. 그런 경우 부모와 자식 사이는 애어른-유아로 기묘하게 융합되어 이후 신경증을 유발하는 요인이 된다. 직장에서 유능한 사람도 부모 되기의 어려움을 호소하는 경우가 많다. 사회가 지나치게 자본주의화되면서 사람들끼리 서로 지지해 주는 유대와 안전망이 사라진 까닭도 있다.

하지만 이렇게 불완전한 애어른이야말로 자본주의 사회가 요구하는 성장 신화로 길러진 성장에 적합한 개인들인 것이다. 자본주의 사회에서 성장은 삶을 시장화하고 인간 자신을 상품화한다. 자본주의는 무한 경쟁의 시장 사회와 무한 성장을 지향한다. 삶의 모든 영역이 상품화되었고, 삶의 형식은 무한 경쟁이 지배하게 되었다. 무한 경쟁이 합리화되는 근거는 무한 성장에 대한 신화에 의해서다. 그리고 이것은 근대의 발전사관에 의해 합리화된다. 물론 무한 성장은 물질적 부의 팽창을 의미한다. 왜 자본주의에는 한계가 없을까? 왜 한계를 그으면 안 될까? 그것은 무한 경쟁과 무한 성장의 맹목적 신화가 아니면 극단적 이기심을 추구하는 자본주의에 대한 도덕적 승인이 불가능하기 때문이다. 그런 까닭에 자본주의는 절대로 성숙한 사회가 될 수 없다. 한계를 아는 성숙한 사회는 이기심을 채우는 자본주의의 발전 동력이 될 수 없기 때문이다. 자본주의는 끝내 미숙한 사회로 지속되어야 존속 가능하다는 모순에 빠졌다. 그리고 이렇게 미성숙한 사회를 지탱하는 사람들이 바로 성숙이 지체된 채 성장 신화에 매몰된 현대의 애어른들이다.

애어른은 자본주의 시장 경쟁 원리 안에 생존하기 위해 이기심으로 무장하고 자기 성장에 매몰된 개인들이다. 애어른이야말로 자본주의적 인간인 것이다. 성장 사회가 성숙 사회를 거부하듯, 애어른은 어른 되기를 거부한다.

개인과 사회의 성숙

그렇다면 성숙한 개인과 성숙한 사회란 무엇일까?

벼가 익을수록 고개를 숙이는 것처럼, 그리고 토마토가 익으며 붉어지는 것처럼 성숙은 외적 성장의 과정을 멈추고 내적 숙성 내지 변성의 과정을 거친다. 누에의 웅크림처럼 사춘기 아이들의 권태도 성숙을 위한 변성 과정이다. 성숙은 이기적이기보다는 성찰적이고, 그것을 통해 우리는 이타적으로 변한다. 하지만 생존에 매몰된 자연의 존재는 우선 이기적인 특성을 보여준다. 생존의 절박함 때문이다. 생존 문제를 해결하기 위해서 이기적인 것은 어느 정도 당연하게 받아들여진다. 자본주의가 끊임없이 무한경쟁으로 개인들의 생존에 위협을 가하는 이유가 바로 여기에 있다. 생존의 절박함이 이기심과 비도덕성을 합리화하는 경향이 있기 때문이다.

하지만 인간은 사회적 동물이다. 공동체의 일원으로서 개인은 자기의 이기적 욕구를 무한히 채울 수 없다. 개인의 무한한 성장은 공동체의 평화를 위해 억제되거나 조정될 필요가 있다. 따라서 개인은 단순한 개인이 아니라 사회인으로서 거듭나야 한다. 자기의 욕망을 억제하고 공동체에 기여하는 행동을 해야 한다. 어른이 된다는 것은 타인과 평등한 관계로 공동체에 기여하는 사회적 개인이 된다는 것을 의미한다. 따라서 성숙한 개인이란 사회와 조화롭고 책임 있는 역할을 할 수 있는 개인인 것이다. 성숙한 사회는 개인을 억압하지 않고 다른 사회와 평등하고 평화로운 관계를 유지하며, 자연과도 그런 관계를 유지하며 지속 가능성을 실현한 사회를 가리킨다.

하지만 개인과 사회가 성장에 매몰된 상황이라면 생존에 지나치게 매몰된 상황이고, 이들은 이기심에 의해 언제나 더 큰 공동체와 전체의 생존을 위협하는 존재가 될 것이다. 자본주의 사회가 근본적으로 위험사회인 이유는 무한 경쟁의 시스템이 생존의 불안을 자극하고 개인과 사회를 생존을 위한 성장 게임에 매몰되게 하기 때문이다. 하지만 한없이 성장만 한 숲의 결과는 뻔하다. 성숙 없는 성장은 한 번의 태풍에 모두 뿌리 뽑혀 넘어지는 숲과 같다. 열매를 맺지 못하고 영양 과잉으로 부풀기만 하던 식물이 하루아침에 말라죽는 것과 같을 뿐이다.

성숙은 적정 수준을 알고 유지하게 한다.

이즈음에서 모든 인류가 경험했고 원시사회에 여전히 남아 있는 통과의례에 대해 생각해 볼 필요가 있다. 왜냐하면 통과의례야말로 인위적 교육의 근원이 되기 때문이다. 지금 우리는 학교 사회에 살고 있다. 20, 30이 되어도 학교를 졸업하지 않고, 학교를 졸업하고도 학교와 학원 주위를 얼쩡거리며 스펙 쌓기에 여념이 없다. 자식은

30이 되어도 부모로부터 용돈을 받고, 심지어 결혼하여 부모가 된 뒤에도 부모에게 의존하기도 한다. 지나치게 의존적이고 자립하지 못한다는 점에서 성숙이 미루어진 애어른으로 살아가기도 한다.

성인식

하지만, 원시사회의 성인식을 보자. 현대 자본주의 사회에서 어른이 되는 연령이 20에서 30대까지 늦춰지고 있는 것이 얼마나 낯설고 예외적인 것인가? 대부분의 인류 사회는 사춘기인 15세의 전후를 성인식 시기로 삼는다. 통과의례의 핵심을 차지하는 성인식은 아이의 어른 되기 과정을 집약하고 있는데, 그것은 공동체의 축제이기도 하다. 공동체의 전체 구성원이 보는 앞에서 아이는 시험을 통과해야 한다. 아이에게 주어진 시험은 주로 고통에 대한 인내와 비전을 보는 일로 나타난다. 신체적 고통과 시련을 견디며 아이는 자기를 억누르고 공동체가 요구하는 인간으로 거듭난다. 공동체는 아이의 성숙 과정을 응원하고 격려하여 아이가 자기를 극복하고 공동체가 요구하는 인격에 도달할 수 있도록 심리적으로 돕고, 아이가 성취한 것을 승인하며 축하해 준다. 성인식이 끝나면 아이는 정식으로 공동체의 일원인 책임 있는 어른으로 대우받는다. 성인식은 짧은 기간에 인격을 변화시키는 놀라운 방법이다. 성숙의 의례를 통해 아이의 자아는 어른이 된다. 이제 아이는 의존 대신 자립과 독립을 실천한다. 남녀 관계에 대한 권리와 책임도 부여받아 성적으로도 자유를 부여받는다. 원시사회가 좀 더 너그럽고 덜 억압적인 이유는 이렇게 아이를 자연의 성장에 맞춰 성숙시키기 때문이다. 아이는 엄마와 가족에 의존하는 심리적 탯줄을 끊고 사회에서 평등하고 독립된 존재로 살아간다. 성인식 과정에 특히 아이를 고립시키고 비전을 만나게 하는 것은 자연과 1:1로 마주한 가운데 자기 정체성을 확인하고 심리적으로 완전히 홀로 서게 하는 방법이다. 아이는 그 과정 속에서 몸과 마음과 정신을 통합한 하나의 인격으로 재등장한다. 그러던 성인식이 샤먼의 등장과 의례 독점으로 약화되기 시작하더니 문명화 과정 속에서 종교와 국가 권력에 의해 사라지고 학교교육과 입시제도로 대치되게 되었다. 이에 따라 참된 성숙은 억제되고 개인의 사회적 인격도 변질되었다. 자연 속에 살아가는 공동체 사회의 자유인 대신 거대 사회의 의존적 개인으로 변한 것은 어쩔 수 없는 일이었다.

성숙을 위하여

아동의 사회화라는 점에서 교육은 성인식을 대신하고 있다. 하지만 재미있는 것은 교육이 점차 본업이 되어야 할 성숙을 폐기하고, 부업인 성장에 매달리게 되었다는 점이다. 보자. 원시사회에서 성장은 자연의 과정일 뿐이다. 아이는 15세까지 신체적으로 성장하고 생활에 필요한 여러 가지 기능은 생활 속에서 차츰 습득해 간다. 의식적 교육이 있기보다 그때그때 필요에 따라 익히고 배웠다. 아이의 성장 안에 담긴 교육은 생활이 요구하는 자연스런 과정이지 인위적 과정이 아니다. 거기에 인위적이고 집약적인 방법으로 교육의 전신인 성인식이 배치되어 자연의 성장 위에 사회적 성숙이 자리 잡도록 하였던 것이다. 하지만 근대교육은 20세까지의 모든 연령을 교육제도 안에 가두고 성장을 강요하며 권력이 마련한 기준으로 평가한다. 무슨 일이 벌어진 것일까? 근대교육 안에 자리 잡은 거대한 왜곡을 느껴야 한다. 성숙을 폐기하고 성장만을 주입하는 교육은 생존경쟁을 조장하면서 전체주의 사회와 자본주의 사회에 적합하도록 개인을 유도하고 있다. 우리는 사회인이지만 자유인이 아니다.

현대사회는 능력주의 신화에 의해 평생교육은 물론 사회 자체를 학교화하고 있다. 그리고 학력과 각종 시험 자격증이 성인식을 대체했다. 물론 그 안에도 성장이라는 것이 있고, 어른스러움에 대한 용인이 있다. 그렇다면 차라리 어른의 개념이 애어른으로 변화했다고 해야 할까?

하지만 우리에게 필요한 것은 성숙한 개인과 성숙한 사회다. 이를 성취하기 위해서는 교육이 우선 국가와 자본이 강요한 성장 신화로부터 탈피해야 한다. 교육의 목표는 성장이 아니다. 인위적 사회화로서 교육은 성숙을 목표로 삼았던 성인식에서 배워야 한다. 우리는 아직 우리 사회에 적합한 성인식을 갖고 있지 못하다. 무한성장을 위한 평생교육에 매몰되기보다 성숙을 위한 기회와 축제의 장을 마련하는 것이 중요하지 않을까? 사회는 성장을 개인의 자연스러운 과정으로 놔두고 그 환경을 조성하며 지지하는 일에 집중할 필요가 있다. 참된 성장은 내적 필요와 욕구에 의해 가능하기 때문이다. 지금의 성장 강박적 교육은 아이들의 다양한 욕구와 가능성을 억압하고, 권위적 위계와 복종을 강요하는 알묘조장의 교육에 지나지 않는다.

자본주의 사회의 지나친 경쟁은 생존에 대한 불안을 조성하여 사람들을 성장 강박에 매몰되게 하였다. 개인들은 성장의 노예가 되었다. 이는 오직 이기적 욕망을 추구하는 자본가와 기업에게 유리할 뿐이고, 성숙을 모르는 무한 성장 사회는 파멸로 귀결될 것이다. 성장 강박과 경쟁 불안을 벗어날 때 변화는 시작될 것이다.

이 시대와 사회에 적합한 성숙은 바로 이런 각성에서부터 시작될 것이다.

교육의 탄생

" 우리 사회는 학교에 목숨을 걸 정도로 교육에 올인(all in) 해 있다. 교육은 마냥 좋고, 마냥 옳고, 반드시 필요한 것인가? 때로는 전제에 대해 질문하고 싶다. 우리가 당연하게 알고 있는 것이 당연하지 않은 경우도 많기 때문이다. "

교육의 본질과 모순

인간은 사회적 동물이다. 우리는 무력한 아기로 태어나 가족공동체의 보호를 받으며 사회적 개인으로 성장한다. 긴 유년기를 보내며 성장하고 자신이 속한 공동체에 적응하는 사회화 과정을 거친다. 기본 공동체인 가족이 좀더 복잡한 공동체로 발전하지 않았다면 사회적 압력도 적었을 것이고, 교육도 오이디푸스적 갈등 구조에 포섭되지 않았을 것이다.

　대개의 원시 부족들은 가족공동체에 고립되어 살기보다 몇 개의 가족이 묶인 씨족공동체로서 살아간다. 보다 큰 단위로 새롭게 통합된 사회는 스스로를 유지하기 위한 수단을 강구하게 된다. 그래서 새로운 사회는 점차 사회체로 모습을 드러내며 고유하고 독립적인 생명을 가지게 된다. 사회체는 곧 고유의 의지를 가지고 문화와 전통, 그리고 규칙을 유지하기 위해 이질화하려는 가족과 개인을 통합하고 복종시키는 장치를 마련한다. 그것이 '통과의례'로서의 교육이다. 교육은 이제 양육과 자연적 교육의 상태에서 벗어나 사회의 목적의식적 수단으로 발전하게 되었다. 사회는 개인이 사회가 요구하는 덕목을 갖추도록 개인으로 하여금 '통과의례'를 거쳐 사회적 전통과 규율에 복종하고 내면화하도록 한다. 바로 이것이 이미 말한 '개인을 종속시키려는 사회의 의지'로서의 교육이다. 이때 사회의 의지는 슈퍼에고(super-ego)로서 개인(ego)이 욕망(id)을 억제할 것을 요구한다. 이것은 가족 내에 슈퍼에고와 현실원칙을 대표하는 아버지의 권위에 눌려, 욕망의 대상이자 쾌락원칙인 어머니에 대한 욕구를 억압하는 오이디푸스콤플렉스가 사회적으로 확대된 모습이다.

이후 원시사회와 고대사회에 나타나는 통과의례와 연령 및 성별 결사체는, 정복 국가 단계를 거쳐 계급사회가 등장하면서 새롭게 발전한다. 바로 계급 분화에 따른 지배자 양성교육이 자리 잡게 되는 것이다. 올림픽의 유산을 남긴 그리스의 김나지움과 아카데미아나 우리의 화랑 제도는 물론, 인도의 아쉬람과 춘추전국시대의 제자백가 학파들이 모두 그렇다.

이런 고대국가가 중앙집권적 전제 국가로 전화하면서 사회 의지는 이제 국가라는 더 큰 단위의 중심인 통치자의 의지로 변하게 된다. 교육기관의 성격은 점차 통치를 위한 지배 관료 양성과 통일된 국민의 조성으로 명료화된다.

즉 교육은 자연 교육의 상태로부터 출발하지만 크게 세 단계를 거치며 변질/발전하게 된다. 먼저 사회체로서 개인을 종속시키는 의지를 본격적으로 발휘하기 시작하는 것은 원시사회와 고대사회의 '통과의례'다. 하지만 도시가 발생하고 정복 국가가 발생하자 고대국가인 정복 국가의 통치 계급을 유지하기 위한 지배계급의 교육이 필요해지면서 '지배계급의 교육기관'이 마련된다. 더불어 국가가 팽창하고 국민을 전체에 통합하기 위해 최종적으로 전 국민을 대상으로 한 '국민교육'이 등장하게 된다.

국민교육은 두 가지 계열로 형성되었다. 하나는 통치자의 필요에 의해서이고 다른 하나는 교육가의 열정과 시민의 요구에 의해서이다. 통치자들이 국가를 통합하기 위해 즐겨 사용한 방식은 종교와 민족이었다. 고대와 중세에는 종교를 중심으로 국가를 통합하였고 근대에는 민족을 중심으로 통합하였다. 하지만 근대교육의 탄생 과정을 보면 국가의 의지와 더불어 코메니우스나 페스탈로찌 같은 교육가들의 노력과 계몽주의자들의 열정이 또 한 계열로 존재함을 알 수 있다. 비록 근대교육이 근대국가의 기획으로 뭉뚱그려지고 말았지만 교육의 또 다른 계열은 언제든지 국가의 지배하는 힘에 대해 배반할 준비를 해 온 셈이다.

하지만 국가가 등장하고 점차 강화되면서 보편교육이 자리 잡게 된 과정을 보면, 근본적으로는 교육이 앞서 이야기한 프로이트적 오이디푸스 구조를 더욱 강화하고 확장하며 콤플렉스를 심화한 구조로 진행되어 왔음을 알 수 있다. 사회가 크고 막강해진 만큼, 그 의지를 개인에게 관철시키기 위한 교육도 치밀하고 막강해졌다. 그리고 교육이 막강해진 만큼 지배와 복종의 강도가 높아지고 오이디푸스 구조에 따른 질환도 심화되었다.

고대에는 동양이든 서양이든 국가의 탄생과 더불어 교육은 지배자들을 양성하기 위한 교육을 의미했을 뿐이다. 피통치자에게 전통적 자연 교육은 여전했지만, 그것은 지배체를 위협하지 않는 범위에서만 용인되었다. 한마디로 교육은 피통치자를 통치하고 계급사회를 유지하기 위한 소양과 자질을 기르는 것을 과제로 삼았다. 인류에게 언제나 중요한 것은 개인보다 공동체였다. 그리고 계급이 발생한 사회에서는 헤게모니를 쥔 계급의 의지가 공동체의 의지가 되었다. 피통치자의 자연교육과 전통적 교육은 무시되고, 지배자 교육만이 그 시대의 지배적 교육이 될 수밖에 없었다. 이것은 그리스나 이집트, 이슬람, 인도, 중국 등 어디든 동일한 현상으로 나타났다. 교육은 통치하기 위한 지배자의 교육이었지 피통치자를 위한 교육이 아니었다.

이 단계에서 탄생한 종교 및 철학은 곧 시대의 이데올로기이기도 하였는데, 이집트의 종교, 그리스의 철학, 인도의 힌두교, 이슬람의 이슬람교, 중국의 유교가 그렇다. 학교가 종교기관과 결합된 경우도 많았다.

한국 교육의 뿌리

한국의 전통사회와 교육도 서양의 근대국가에 의해 관철된 근대학교가 수입되기 전까지 중국의 유교 이데올로기 안에 완전히 포섭되어 그에 따른 교육체계에 의해 작동하고 있었다. 중국 교육은 더욱더 계급사회의 통치 이데올로기를 유포하고 통치 관료를 기르기 위한 교육이었다. 그렇기 때문에 현대 한국 교육의 문제를 진단하고 해결책을 찾기 위해서는 전통교육의 근간이 되는 중국 교육의 탄생과 현대교육의 근간이 되는 서양 근대교육의 탄생을 살펴보고 그 핵심을 통찰할 필요가 있다. 왜냐하면 우리의 지금 교육은 전통적 유교 이데올로기에 입각한 전제 국가 교육 위에 서양의 근대국가 교육이 덧입혀진 형상으로, 중국의 유교 교육과 서양의 근대교육이야말로 실제 우리 교육을 낳은 토대이기 때문이다.

전통적 유교 이데올로기 교육의 역사는 최소한 2000년 이상이 된다. 그것이 흔들린 것은 중국과 한국이 서양의 제국에 침략을 당하고 제국주의에 의해 지배된 150여 년의 역사에 지나지 않는다.

지금 공자는 차츰 성인의 신비를 벗고 플라톤 같은 철학자로 평가될 수 있게 되었지만, 우리 문화와 의식에 뼛속 깊이 스민 유교 이데올로기를 벗는 것은 쉽지 않다. 그것이 이미 동양 특히 한국 문화의 특징으로 내면화되었기 때문이다. 그래서 공자보다 유교가 무섭다. 공자는 통치 이데올로기를 생각한 학자일 뿐이다. 그의 세계관은 임금을 중심으로 한 계급과 관료국가를 이상으로 삼고 있다. 그가 말한 군자는 물론 통치자로서 이상적 소양을 지닌 사람이다. 그의 통치 방식은 문화와 도덕을 이용한, 참으로 온건하고 합리적인 방식이다. 하지만 공자의 한계는 중앙집권적 전제주의 국가를 옹호하고, 지배계급에 의해 위로부터 통치되는 계급사회를 지향했다는 점에서 명확하다. 노자나 묵자가 반대했던 것은 바로 공자의 이런 전체주의적 기획과 사회관이었을 것이다. 하지만 왕들에겐 공자의 통치 방식이 전쟁을 치르지 않는 평화 시기에 가장 적합하고 매력적인 방식으로 보였다. 2000년 전 한나라를 거치며 공자의 유교는 중국의 통치자들에 의해 국가 이데올로기로 채택되고, 수와 당을 거치면서 과거제도에 의한 관료제는 완비된다. 중화 사상과 중앙집권적 전제국가는 유교 이데올로기를 통해 불변의 세계관으로 고정되는데, 바로 관료를 뽑는 과거제도와 연계된 교육 시스템에 의해 구축된 것이다. 유교의 서적이 교과서가 되고 정전이 되고 유교는 이제 종교가 되었다. 지금의 중화주의란 결국 2500년 전 공자에 의해 단초가 마련되어 적층된 3000여 년의 문화적 집적물인 셈이다. 때문에 중국이 패권적 중화주의를 벗어나는 것은 우리가 유교 이데올로기로부터 벗어나는 것과는 비교할 수 없이 어려운 일이다. 지금 티베트나 위구르가 처한 상황을 보면 국제 역학 관계 속에 제국의 각축장이 되었던 한국이 차라리 다행이었다 싶은 생각이 들기까지 한다. 더불어 국가의 교육 시스템을 통해 유교가 한족과 주변 민족에게 팽창적 한족 중심주의인 중화주의를 어떻게 형성하고 내면화하게 했는지 기억해야 할 것이다.

아무튼 동양의 전제 국가에서 유교 이데올로기는 통치 계급의 양성은 물론 국가 통합 차원에서 탁월한 성공을 보여주었다.

한편 한국은 부족국가의 등장과 침략 전쟁을 통해 전통적으로 통치 계급 교육기관으로서 화랑도 같은 기관을 운용하였다. 하지만 당시 화랑들의 공부 모습을 알려 주는 임신서기석이나 향가인 〈안민가〉를 보면, 당시에 이미 유교 이데올로기가 지배 집단의 이데올로기로 적극적으로 수용되고 있었음을 알 수 있다. 유교 이데올로기는 안민가에 한마디로 압축되어 나타나는데, '임금은 임금답게, 신하는 신하답게, 백성은 백성답게(君君 臣臣 民民)'라며 계급사회의 이상을 그리고 있다.

특히나 중국이나 한국 고대사회에서 우리가 주의 깊게 보아야 하는 것은 과거제도가 등장하고 교육제도가 완비되고 정전이 성립

되는 과정이다. 관학은 노골적으로 이것을 보급하고 관철시켰고 사학은 현실적 이익 때문에 점차 그것을 추종하게 되었다. 조선에서는 고려조까지 강성했던 불교와 전통적 세계관이 점차 힘을 잃게 된다. 조선의 건국과 함께 성리학자들에 의해 완전히 국가가 재편되고, 국가 통치 철학도 유교로 굳어지면서 유교는 곧바로 도그마화하기 시작한다. 과거에 의한 관료 선발과 과거를 위한 교육제도로 개인과 가족과 사회와 국가는 일체화하게 된다. 더구나 우리는 중국의 사상, 문화, 역사가 정전의 지위를 얻게 되면서, 자기를 소외시키고 주변화하는 극단적 전도가 일어났다. 이것은 중반기 이후 조선을 지배했던 소중화 의식으로 드러났다. 선조기부터는 사학의 관학화가 진행되고, 유교 도그마로 인한 경직화로 인해 문제가 터지기 시작했지만 이단론에 휘말려 학문은 물론 정치, 경제, 문화에 어떤 개혁도 감행하지 못한 채 조선은 소중화 이데올로기의 늪에 더욱 빠져들면서 한말을 맞이하게 되었다. 임진왜란과 함께 망해야 할 왕조가 망하지 않고 600년 동안 지속할 수 있었던 것은 아무래도 교육을 통한 유교 이데올로기가 완벽히 관철된 결과라고 생각된다. 왕조의 입장에서 보면 조선 시대 교육제도는 나름 성공한 셈이다. 하지만 문제는 소중화의 늪에 빠졌던 한국의 근대화가 열강의 강제에 의해 이루어졌고 이 때문에 힘에의 종속과 자기 탈피를 충분히 경험하지 못했다는 점이다.

전통의 유산으로 우리가 아직도 극복하지 못한 두 가지가 있다. 바로 유교의 중앙집권적 전제 국가에서 비롯된 중앙집중적 통제와 명령에 익숙하다는 것과, 거듭 거기에서 비롯된 소중화 의식이다. 이는 시험에 의한 서열화와 관료들의 통치에 의한 계급사회를 깊이 내면화하고 있는 것으로 드러난다. 이것은 국가에 의해 관철된 과거 제도라는 시험제에 의해 완벽히 구현되고 오랜 세월 내면화되었던 것이다.

조선의 유학자들이라고 과거제도의 모순과 계급사회의 모순을 몰랐을까? 우선 과거제의 모순은 곳곳에서 지적되고 인식되었다. 하지만 유교 이데올로기가 구축한 중앙집권적 관료에 의한 계급사회의 이상을 깨지는 못했던 것 같다. 스스로의 한계를 깨고 돌파하지 못한 이유는 공자와 유교 이데올로기의 역사를 객관화시키지 못하고 절대화하였기 때문이다. 정여립, 허균과 같은 이들이 계급 차별의 실상에 대한 인식을 가졌으나 평등의 이상이 아직 완전히 꽃피지 못했으며, 동학의 수운에 의해 비로소 계급의식이 타파되고 통치를 위한 교육에서 벗어날 단초를 만나게 되었지만, 회의 자체를 거부하는 당시 유교 이데올로기의 절대성에는 적수가 되지 못했다. 오직 제국주의의 무력이 그것을 전면적으로 해체했을 뿐이다. 유교 이데올로기는 전통문화라는 이름으로 깊이 내면화되었지만 일본을 통해 들어온 서양문명의 강제에 의해 비로소 의식의 영역에서 잠시 물러나게 되었다. 하지만 유교 이데올로기는 무의식 속에 살아 있으면서 여전히 정치, 경제, 문화, 교육 등 우리의 생활에 깊이 작용하고 있다.

근대교육의 형성

서양 근대교육은 아무래도 중세의 종교 교육의 토대 위에 시작된다. 그 처음은 계몽주의에 입각한 18세기 프로이센의 국민교육과정 수립과 이어 민족국가들이 탄생하며 실시한 학교를 통한 국민만들기 정책의 일환으로 보아야 할 것이다. 계몽주의와 종교적 열정에 충만한 교육가들의 노력과 국가의 필요가 만나면서 근대교육은 어려움 없이 정착한다. 그런 까닭에 긍정적 요소와 부정적 요소를 다 안고 있다고 하겠다. 평등을 이상으로 한 보편교육 실시에 대해서는 긍정적인 실험이었다고 평가할 수 있겠지만, 전체주의적 기획의 일환으로 지역과 가정의 공동체를 파괴하며 국가적 개인을 천편일률적으로 강제했다는 점에서 근대교육의 기획은 비판받아 마땅하다. 하지만 국가가 민족 이데올로기와 자본주의의 원리를 내면화한 국민을 만들기 위해 학교라는 가장 효율적인 수단을 동원했던 것은 그 본성상 당연한 것이었다. 자본가는 당시만 해도 계몽의 적이아니라 친구였으며, 자신의 필요에 의해 교육의 적극적 후원자이기도 하였기 때문이다. 국가가 국가권력을 이용하여 법에 의한 교육의 의무를 강제하였으므로, 자본가들의 입장이 민족국가에 관철되는 것은 자연스러웠다. 자본주의가 요구하는 자본주의적 개인이 곧 민족국가가 요구하는 국민으로서도 손색이 없었기 때문이다. 국가는 이를 위해 아동을 가족과 지역공동체로부터 분리하고 국가와 자본주의 시스템에 직접 속한 현대적 개인들을 주조하기 위한 학교로 모든 아동을 보내기 시작했다. 모두가 평등의 이름으로 이루어졌다.

동양이든 서양이든 교육은 국가 통치를 위한 주요 수단이었고, 교육을 아동 중심으로 바라보는 것은 여전히 이상일 뿐이다. 기관을 갖춘 교육의 주된 목적은 언제나 사회의 의지를 개인에게 관철시키고 개인을 거기에 종속시키는 것이었다. 그리고 사회체가 점차 강하고 거대해지면서 교육의 소외와 비인간화의 문제도 필연적으로 나타나는 것이었다.

교육의 신화

❝ 트리나 포올러스의 『꽃들에게 희망을』을 자주 생각했다. 너도나도 달려들어 허무한 정점에 오르려는 거대한 벌레들의 탑과 그 탑을 떠나 나비가 되기 위해 깊이 웅크리는 노란 애벌레. 도대체 왜 우리는 지금 여기의 즐거운 삶을 버리고 탑 오르기에 매달릴까? 과연 행복은 저기에 있는 것일까? ❞

멍텅구리배

나는 교육 현실이 불안의 바다 위에 뜬 멍텅구리배 같다고 생각한다. 너무 심한 비유일까? 교육에 대한 애정에서 비롯되었다고 이해해 주기 바란다.

물론 멍텅구리배도 배다. 하지만 멍텅구리라는 말이 배 앞에 붙은 데서 알 수 있듯이 배 구실을 제대로 못하는 배다. 멍텅구리배는 동력이 없기 때문에 바다에 떠있긴 해도 떠내려가지 않기 위해 닻을 내리고 조업을 하다가 일정 기간이 되면 예인선에 의해 옮겨진다. 바다를 안전하게 항해하는 배의 기능이 전혀 없고 그냥 바다에 떠있어서 멍텅구리배라고 하는 것이다. 동력 상실이라는 치명성 때문에 멍텅구리배는 과거 인권유린의 현장으로 고발되고 사라지게 되었다.

육지가 안전한 공간이라면, 바다는 쉼 없이 흔들리는 불안한 공간이다. 비록 배의 갑판이 육지를 닮았지만 그것은 육지가 아니다. 사람은 땅에 발을 딛고 사는 존재다. 바다에서 살려면 당연히 땅과 비슷한 발판으로서 임시장소가 필요하다. 수상가옥이 있는 것처럼, 완전하진 않지만 제한된 그곳도 삶이 가능한 장소다. 물론 멍텅구리배는 조업 목적 때문에 순수한 수상가옥도 아니다. 하지만 멍텅구리배를 포함해 모든 배의 갑판은 가설 육지 혹은 임시 육지이며, 그렇기 때문에 다시 육지를 유예시킬 수 있게 된다. 결국 갑판은 육지를 유예시키면서 스스로가 유예된 육지가 된다. 그래서 배에 완전히 적응되면 육지에 내렸을 때 오히려 멀미를 하게 된다. 배는 짧게 탈수록 좋다. 육지에서 살 작정이라면 배는 꼭 필요할 때 짧게 타면 된다.

학교는 멍텅구리배다. 우리는 풍성한 삶의 육지를 버려두고 멍텅구리배에 올라탔다. 내 의지라기보다 국민교육의 의무 때문에 시작된 일이다. 바다는 물론 불안한 현실인데 언제 태풍이 불지 알 수가 없다. 바다는 유예된 삶에 대한 불안감을 나타내고 이 불안에 쫓겨, 불안에서 벗어나기 위해 우리는 열심히 멍텅구리배의 명령에 복종하게 된다. 하지만 멍텅구리배는 동력 상실, 곧 주체 소멸의 공간이 된다.

스펙의 신화와 인신 제의

그런데 이게 어찌 된 일인가? 우리 사회에서는 '가방끈이 길다'는 게 여태 선망이고 자랑이 된다. 비행기를 많이 탔다고 자랑하는 아이처럼 학교라는 배를 오래 탄 것이 오히려 능력으로 대우받고, 가방끈이 짧은 사람은 비행기를 못 타 본 아이처럼 주눅 들고 왕따를 당하는 사회가 아닌가? 제대로 삶에 뛰어들어보지도 못한 채 시험공부에만 매달린 전문가들이 무식한 대중을 지배하는 구조다. 학력이 권력이기 때문에 못 배운 서러움이란 무식해서 느끼는 서러움이라기보다 차별 때문에 겪는 서러움일 것이다. 이쯤 되면 학력 차별이라는 구속을 좀 철폐할 법도 한데, 오히려 너무나 확고해 도무지 그럴 마음을 누구도 내지 않는다. 그러다 보니 학력 차별을 엄연한 현실로 받아들이고 더 학력에 목숨을 거는 것이 아닌가?

이쯤 되면 배도 보통 배가 아니라 멍텅구리배가 되는 것이다. 마냥 불안의 바다에 흔들리며 하릴없는 새우잡이 그물질처럼 스펙 쌓기에 매달린다. 스펙 쌓기라는 말은 뭔가 처절한 느낌마저 든다. 스펙이 대책같이 보여도 참으로 대책이 없기에 다다익선 무조건 매달리는 대책이기 때문이다. 마치 전쟁에 대비해 각종 무기를 모으는

람보 같다고나 할까? 정말 우리는 여객선을 탄 게 아니라 멍텅구리 배를 탄 것이 아닌가? 학교라는 배는 미래라는 항구의 이름으로 현재 누릴 수 있는 삶의 기쁨을 유예시키지만, 그렇다고 미래의 항구로 우리를 데려다 주는 것도 아니다. 대책 없이 올라타 대책 없이 역량을 소진하는 멍텅구리배이기 때문이다. 그저 처음엔 국민의 의무였기에, 다음은 모두 다 올라탔기에 뚜렷한 입장도 없이 도태되기가 무서워 쫓기듯 다음 멍텅구리배로 뛰어 올라타게 된다. 그리고 새우잡이하듯 시험공부에 전념한다. 자연의 아름다움이 손짓하고 경이로운 경험들이 기다리고 청춘의 봄이 만개해도 오직 시험공부다. 이렇게 6 · 6 · 6의 세월이 대책 없이 흘러간다. 열심히 버티면 뭔가 다른 배에 이끌려 행복의 항구로 인도될 수 있다고 믿었던 것일까? 아니면 그것이 의심스럽지만 예외가 되기 싫어서일까? 하지만 졸업과 함께 내릴 육지가 없다. 소위 쓸 만한 곳은 모두 '입국 거부'를 하니 졸지에 멍텅구리배에서 정말 멍텅구리가 된 듯, '보트피플' 처지가 되는 것이다. 모든 배가 항구로 가는 것은 아니었다. 특목고나 명문대도 그것을 보장하는 것이 아니었다. 과연 행복한 삶의 티켓은 있기나 했단 말인가? 그리하여 6 · 6 · 6 이후에도 대책이 없다. 정말 배는 짧게 탈수록 좋은 것인가? 더구나 내가 그토록 타고 싶어 하는 배와 항구가 이미 만원인데 그 배조차 믿을 수 없다니. 이럴 바에야 애초 배를 왜 탔던가 왜 탔던가 후회가 나올 법도 한데, 아무리 눈을 씻고 귀를 씻어도 보이지 않고 들리지 않는다. 학교교육의 인신 제의인가? 절망하고 좌절한 어린 영혼들이 스스로의 무능을 처벌하며 목숨을 버리는 소리만 간혹 들린다. 매년 200명이 넘는 영혼들의 심장이 학교의 제단에 바쳐질 뿐이다.

신포도

왜 그럴까? 보수 진영이 야당이던 김대중·노무현 대통령 시절을 '잃어버린 10년'이라며 절치부심했는데, 삶의 입장에선 학교라는 곳에서 미래를 위해 가장 아름답고 소중한 청춘을 지불한 셈인데, 그래서 잃어버린 20년, 빼앗긴 20년으로 볼 수도 있는데, 아무리 귀를 씻고 들어도 한탄이 들리지 않는다. 나만 억울했던가? 사람들은 전혀 억울한 느낌이 들지 않나 보다. 이상하다. 학교는 언제나 말이 많지만 또 언제나 안녕하신 듯하다.

인지부조화이론이 생각난다. 인지부조화는 기대와 현실의 차이에서 발생하는 불일치로 해서 개인이 받는 스트레스 상태를 의미한다. 포도가 먹고 싶은 여우가 포도를 먹을 수 있다는 기대를 안고 여러 번 점프를 시도한다. 하지만 포도나무의 포도가 너무 높다. 결국 좌절에 직면한 여우는 절망한다. 여우가 심리적 딜레마를 극복하는 방법은 두 가지다. 현실을 부인하든가 자기를 부인하든가. 즉 포도

하나 못 따먹는 무능한 여우라고 자책하며 포도나무에 머리를 박고 죽든가, 저 포도가 맛없어 내가 먹지 않는다고 자기를 위로하는 것이다. 우리가 만난 이솝우화의 지혜는 자책의 길보다 현실을 버리고 자신을 구원하라고 말한다. 그렇게 여우는 인지부조화 상황에 빠진 자신을 '신포도'로 구출한다. 못 먹는 게 아니라 내가 안 먹는 것이다. 서울대학을 못 가 자살하는 것보다 서울대학을 안 가고 행복하게 사는 게 낫다는 주의다. 물론 나는 학력 차별이 있는 사회에서는 서울대학을 갈 수 있어도 안 가는 게 더 용기 있고 멋지다고 생각한다.

하지만 실제는 이솝의 지혜를 따르기보다 사회성의 길을 택한다. 바로 현실이 부조리해도 권위에 복종하고 남이 하니까 나도 따라하는 동조의 길을 택한다. 그래서 시험 성적이나 진학에 좌절해 자살하는 청소년의 경우는 사회적 현실을 너무 절대시하고 복종해 자기를 벌주게 된다. 군대 생각도 난다. 군대의 권위 복종 때문에 졸병 때는 소위 '빵이를 치며' 부조리한 구조와 상관에 대해 뒷담화를 한다. 하지만 내가 고참이 되니 '본전 생각'이 난다. 바보가 아닌 이상 너무 억울하다는 것이다. 그래서 내가 빼앗긴 본전을 고참이 되어 되찾고자 한다. 결국 자기 논리가 현실 논리에 말려들어 간 것은 차이가 없다. 이렇게 생각을 바꾸고 우리는 현실 사회를 수긍해 버리는 것에 익숙하다.

둘 중 하나였다. 현실을 바꾸든가 내가 바뀌든가. 하지만 현실이 너무나 막강하므로 나를 바꾼다. 모든 가치 전도와 강자 동일화가 이렇게 탄생한다. 내 생각을 바꾸니 현실도 그런대로 견딜 만하기 때문이다. 그리고 나는 부당한 현실에 타협해 본전을 되찾는 식이다. 이렇게 해서 개인과 개인, 혹은 개인과 사회는 사도마조히즘적 관계와 권위 복종 관계에 쉽게 말려들곤 한다.

인지부조화이론은 종말론자들이 종말이 지나도 여전히 결집하는 것을 대표적인 예로 든다. 나는 벗들을 생각한다. 젊은 날 정의롭고 이상적인 것을 추구하던 벗들이 직장을 잡고 기업의 논리를 내면화하며 살아가는 모습을 보면서 한없이 씁쓸했다. 우리가 극우 보수 집단이라 부르는 분들 중 상당수는 지배적 가해자이기보다 오히려 피해자가 강자 동일화해서 같은 약자와 사회가 변화하기를 원하는 좌파를 공격하는 경우가 많다. 그런 점에서 인지부조화를 어떻게 해결하느냐는 대단히 중요한 문제다. '젊어 진보 늙어 보수'라는 말이 너무나 자연스런 사회는 병든 사회다. 삶에 대해 너그러워지는 것과 부당한 현실에 타협하는 것과는 전혀 다른 것이기 때문이다. 순종과 무력, 마치 그것이 삶이라는 듯 맥없이 말하기 시작하다가 어느새, 뻔뻔스러울 정도로 그래야 한다고 강자의 논리를 강변하게 된다. 그것이 현실이라고. 하지만 아니다. 그렇지 않다. 우리에게는 또 다른 여유와 지혜가 필요하다.

보편주의 신화

교육도 그렇다. 교육의 기대(이상)와 현실은 엄청난 인지부조화 상황을 보여준다. 전인교육, 아동 중심 교육, 지덕체 교육, 노작교육, 열린교육 등 교육을 묘사하는 말은 참으로 많다. 교육은 언제나 이상으로 가득 차 있다. 하지만 현실은 학력 차별, 스펙 쌓기, 서열화, 선별화, 지식 주입, 국가주의와 자본주의 이데올로기 내면화가 아닌가? 이 모순을 어떻게 극복할까? 국가와 사회제도, 그리고 편견에 의해 뒷받침된 막강한 현실을 부인할 수 있는가? 나는 그것을 여우의 '신포도'처럼 '멍텅구리배'라고 말해 인지부조화를 해결하고 교육의 원래적 가치에 집중하려고 노력한다. 하지만 이 현실을 부인하지 못하면 어떻게 할까? 혹은 이 현실과 공존의 길을 택한다면 어떻게 할까? 그러면 곧 보편주의와 사명감이 나온다. 보편주의와 사명감이야말로 근대교육 최후의 보루다. 그리고 그 전형을 우리는 페스탈로찌, 야누스 코르착, 코메니우스 등에서 쉽게 발견한다. 이들은 모두 계몽의 신념에 투철했으며 보편주의 정신으로 모든 아동이 지식을 접하고 그 지식의 등불로 삶을 밝혀 갈 수 있기를 바라며 교육의 제단에 헌신적으로 자기 삶을 바쳤다. 이처럼 숭고한 스승들이 있고, 바다 위의 등대처럼 멍텅구리배에도 그 빛은 닿는다. 이렇게 해서 상호모순의 적대적 공존이 교육의 현실에서도 발생한다. 사명감에 대해서는 내가 감히 말할 계제가 아니다. 하지만 근대 계몽주의의 핵심인 보편주의에 대해서는 더 고찰할 필요가 있다.

근대 보편주의는 지식의 보편주의와 권리의 보편주의 두 가지로 나눌 수 있다. 지식의 보편주의는 객관성 신화로 바꿔 부를 수 있는데 과학이 발달하면서 객관적 지식이 있다는 믿음이다. 이 세계관은 갈릴레이, 뉴턴, 다윈 등의 과학자들을 떠올리면 쉽게 이해될 것이다. 과학의 지식은 누적적이며, 누적적 지식과 기술에 의해 역사는 진보한다고 믿는다. 이 과학적 지식과 기술의 힘으로 서양은 지구를 점령하는 제국을 건설했던 것이다. 당연히 종교와 비서양의 세계관 등 소위 비과학적 지식은 탄압과 소멸의 길을 걸어야 했다. 이 시대는 지식전문가들의 권위와 결정에 의존한다. 각 교과서는 분야별 전문가들의 지식을 정리해 놓은 것이고, 그것은 유사종교처럼 절대적이다. 정기적인 시험이 교리 시험처럼 있어서 그것의 무오류성을 강변한다. 하지만 전문가의 배타적 지위 때문에 지식의 유포보다 지식의 독점과 소외현상이 더 두드러지게 나타난다. 대중은 삶에 별로 연관도 없고 도움도 되지 않는 지식을 습득하기 위해 학교에서는 시험을 위해 사회에서는 과시를 위해 매달린다. 하지만 이것은 결코 인격과 교양으로 연결되지 못하는 한계를 가지고 있다. 오히려 우리의 모든 것은 전문가에 종속되고 만다. 나는 우리가 배울수록 똑똑해지기보다 배울수록 무식해진다고 생각한다. 아프거나 다치면 사소한 것도 의사를 찾고, 고민이 생기면 상담사를 찾는다. 노후 계획과 설계는 보험설계사를 찾아가고, 결혼은 결혼 컨설턴트와 상의한다. 자기의 주관과 직관, 느낌, 경험의 지식이 참으로 희박하다. 내가 나를 모른다. 이것이야말로 전도고 소외다. 오직 돈을 벌어 전문가들의 도움을 구매해야 한다. 지식 교육의 근원적 맹점은 과정과 결과에 있어서 삶과의 괴리로 나타난다. 교육의 중심을 전문가의 권위와 지식주의가 장악한 것은 커다란 손실이다.

두 번째 권리의 보편주의는 민주주의와 공화제가 확립되면서 시작했다. 그것은 정치적 권리로서의 평등을 의미한다. 평등은 국가의 헌법이 제정되면서 국민 모두가 가진 권리의 일부로 성문화되었다. 행복 추구의 권리나 집회 결사의 자유, 투표권, 교육의 의무와 권리 등 국민 모두가 평등하게 누릴 수 있는 권리이자 의무가 보편주의에 입각해서 마련되었다. 초등의무교육은 특별히 살펴볼 필요가 있다. 많은 사람들이 교육의 의무로 문맹퇴치와 지식 보급이 실현되었다고 믿고, 이것이 기회의 평등이라고 믿는다. 하지만 그것이 자기에 적합한 방식으로 교육받을 권리가 아니라, 개인과 지역성을 무시한 채 국가가 천편일률적으로 시행하는 학교제도의 지배를 의미했던가? 그것이 어떻게 교육적일 수 있겠는가? 공장식 효율을 지향하는 학교제도가 혁명과 같은 과도기가 아닌 평화기에 100년, 200년 지속되는 것은 참된 보편주의가 아니다. 그것은 지배방식이지 교육방식이 아니다. 참된 보편주의는 개개인이 자기 삶을 희생시키지 않고 자유롭게 배울 수 있는 권리와 기회를 다양하게 마련하고 지지해 주는 것이어야 하기 때문이다.

보편주의의 역사를 고찰하면 우리는 객관적 지식과 정치적 평등이라는 보편주의의 신화가 참으로 허술하고 맹목적인 것임을 발견하게 된다.

능력주의의 신화

우리는 또한 교육의 목적이 능력 향상이라는 신화에 빠져 있음을 발견한다. 이것은 어쩌면 객관주의나 스펙 쌓기보다 더 오래된 교육에 대한 편견일지 모른다. 내가 편견일지 모른다고 말하는 것은 능력 신장이 교육의 중요 목표의 일부를 형성하는 것을 부인하기 어려운 면도 있기 때문이다. 하지만 능력 신장만이 곧 교육이라고 이해하는 것은 잘못이다. 왜냐하면 교육의 목적은 삶에 적응하는 모든 행위를 포함하며 행복한 삶 자체이기 때문이다. 하지만 삶을 위해 필요한 지식과 기술도 있으니 그것마저 부인할 필요는 없다는 말이다.

그런데도 능력주의를 비판해야 하는 것은 그것이 각종 차별은 물론 관계와 의식을 왜곡하기 때문이다. 우선 능력주의는 지식주의와 스펙 쌓기 신화와 결합되어 있다. 그리고 현대와 같은 교육 내 경쟁 시스템에 의해 결과주의로 발전하고, 평가주의와 선별주의로 귀착한다. 결과에 대한 과도한 집착은 평가에 의해서 비교하고 선별하기 때문에 발생한다. 삶에 필요한 것을 습득하고 누리는 것이 아니라, 타인의 평가를 받고 비교우위를 차지하기 위해 매달린다. 결국 평가와 선별에 의한 결과 중심주의는 지식주의를 더욱 고착하게 하는 악순환의 고리를 만들게 된다. 이에 따라 사람 사이의 관계와 개인의 의식도 왜곡되고, 차별이 내면화된다. 이것이 바로 능력에 따른 보상 신화다. 소위 가방끈이 능력이 되고, 능력이 있는 사람은 현실에서 필요한 일의 성과와 상관없이 높은 임금을 받게 되어 교육제도가 신분제도와 같은 역할을 하게 된다. 새로운 카스트 제도가 된 것이다. 능력주의는 자본주의의 경쟁을 통한 기회의 평등이라는 기만과, 시스템 속에 성공한 전문가나 자수성가의 신화로 더욱 강화되고 있다.

이것이 최고 상급학교인 대학에서 '스펙 쌓기'라는 기괴한 말이 유행하는 이유다. 공부를 하는 목적과 대상이 분명하다. 취업을 하기 위한 공부. 인격도야, 진리탐구는 이미 먼 옛날 이야기가 되었다. 이력서 목록에 나열할 화려한 목록을 가지는 것, 그래서 자신의 상품 가치를 높이는 것이 교육의 목적이라면, 이것이야말로 본말 전도가 아닐까? 유치원부터 초·중·고를 거쳐 교육 피라미드의 정점인

대학에 가서 소위 '좋은 직장'에 취직하게 하는 것이 과연 교육의 목표인가? 그것도 부족해 어학연수를 가고, 대학원을 하고, 유학을 가는 것이 기본이라니.

나는 대학을 '진리의 상아탑'이라 부르며 삶과 현실을 도외시한 진리 탐구를 정당화하는 것에 대해 반대한다. 또 노동시장의 적나라한 현실에 매몰된 스펙 쌓기 경쟁 또한 반대한다. 교육은 지금 현재 자기 삶을 누리고 자기 삶에 기여하는 것으로서의 원칙을 지켜야 한다. 지금 현재 '삶을 위한 교육, 삶에 의한 교육'이 되어야 한다. 진정한 교육평등을 위해서라도 거대교육과, 비싼 대학등록금이 차별을 위한 투자로 전락하는 것에 반대한다.

현재의 삶을 희생시키는 스펙 쌓기 경쟁은 우리를 슬프게 한다. 그것은 우리의 삶을 차단하고 현재의 생생한 삶을 미래의 모호한 삶으로 유예하기 때문이다. 우리는 능력을 쌓아야만 획득되는 미래의 행복에 사로잡혀 현재를 저당 잡히고 있다. 더구나 무서운 것은 그렇게 해서 획득된 현실이 극단적 경쟁과 소유의 독점, 부익부빈익빈의 전쟁터라는 점이다.

이렇게 왜곡된 능력주의 신화로 교사와 학생은 모두 노이로제를 겪고 있다. 교사는 교육에 대해 실체론적 사고를 하는 경향이 있다. '하나라도 더 가르쳐야 한다'거나 '가르치면 향상되는 것이 있어야 한다'는 강박을 가지고 있다. 끊임없이 평가에 의해 결과를 확인하는 피드백 이론에 의해 뒷받침되지만, 지속적 결과 확인과 평가는 불신과 비인간적 관계를 정당화하고 내면화하기도 한다. 그렇게 해서 길러진 결과 중심주의는 과정과 동기를 묻지 않는 경우가 많다. 좋은 결과를 얻기 위해 현재를 희생하고 시험공부에만 전념하는 태도는 부당한 방법으로 부를 획득하는 것과 밀접한 관계가 있다. 과정과 동기를 결과에 희생시킨다는 점이다. 그 때문에 소위 경제대통령이라고 해서 경제만 살리면 만사 OK라는 식의 단순사고가 만연하기도 하였던 것이다.

아이들은 평가 강박에 시달리며 '잘못병'에 걸린다. 잘못병은 과정의 즐거움과 자기만족이 아니라 남과의 결과 비교에 의한 비교우위에서 행복을 느끼기 때문에 발생한다. 하지만 남의 평가에 의해 만족을 느끼는 것은 단기적이고 진심으로 누리는 기쁨이 아니다. 그것은 오히려 삶의 주인됨을 포기하고 권위에 종속되는 지름길이다. 우월감을 느끼고 남을 무시하는 '잘병'이나 자책하고 절망하는 '못병' 모두 남에게 권위를 의탁한 주체성 결핍과 불안을 야기한다. 자기가 자기 삶으로부터 소외되는 것이 일상의 삶이 되어 버린다. 남으로부터 좋은 평가를 받기 위한 삶은 주인이 아닌 노예의 삶이다.

신화를 넘어

이것이 신자유주의 시대 우리 교육이 처한 현실이다. 우리가 교육에 대해 갖는 신화가 어디 한두 가지이겠는가?

아직도 학교가 우리를 행복의 대륙으로 이민시켜 줄 메이플라워호로 보일지 모르겠다. 하지만 세상엔 멍텅구리배에 대한 소문이 떠돌고 있다. 그 배가 사실은 멍텅구리를 만드는 멍텅구리배라는 소문이.

배는 짧게 탈수록 좋다. 타도 보트처럼 내 의지대로 필요할 때만 이용하는 것이 가장 좋다. 그것이 내가 삶의 주인으로서 고삐를 놓지 않는 길이다.

교육의 목표

❝ 피상적으로 교사는 아이들을 사랑하고 아이들을 잘 가르치면 된다고 생각한
다. 하지만 사랑도 가르침도 방향을 잃은 맹목으로 느껴질 때가 있다. 과연
아이들이 영어를 잘 하고 수학을 잘 하면 된단 말인가? 뭔가 부족하다. 북극
을 가리키는 나침판의 떨림처럼 더 멀리 또 깊게 내다보는 안목이 필요하다. ❞

개인과 사회의 조화

교육의 목표는 한 가지로 집약된다. 개인과 사회의 조화다. '개인은
자유롭게 사회는 평등하게!' 이것이 교육이 과제로 삼는 목표다. 하
지만 여기에 현실적으로 동의하지 않는 사람들도 있을 것이다. 자칫
교육의 관심이 개인인 것 같지만, 사회를 도외시하고는 교육을 논할
수 없다. 그렇다면 우리들의 관심인 사회를 보자.

간단한 문제가 아니다. '개인의 사회화'라고 교육을 가치중립적
으로 정의할 때 몇 가지 고민에 맞닥뜨리기 때문이다. 우선 바로 사
회의 정당성 문제이다. 정당하지 않은 사회에 개인을 맞추는 것은
별로 교육적으로 느껴지지 않는다. 그렇다면 교육을 가치중립적인

사회화로 정의하기 어렵다. 예를 들어서 노예제 사회나, 차별과 빈부격차가 심한 사회, 그리고 약육강식의 경쟁사회, 자연파괴의 소비사회를 바람직한 사회로 볼 수 없기 때문이다. 그런 사회에 적응해 살도록 아이를 가르치는 것은 오히려 교육을 빙자해 사회적 범죄를 저지르는 것이 될 것이다. 이런 경우 교육은 현실 사회와의 불화 가능성을 내포할 수밖에 없다. 교육 자체가 혁명일 수는 없어도, 교육은 혁명이 추구하는 가치를 여전히 공유해야 한다. 인간의 자유와 평등이 그것이다.

그러므로 나는 많은 보수주의자와 기회주의자들이 말하는 '가치중립적 교육관'을 현실을 은폐하고 합리화하는 수단으로 간주한다. 교육은 오히려 사회적 현실에 대해 더욱더 예리한 감각과 도덕적 가치기준을 가져야 한다. 교육은 단지 인간을 사회화하는 것이 아니다. 가치중립이란 애초에 존재해 본 적이 없다. 그것은 죽음뿐이다. 인간의 모든 사회적 말과 행동은 언제나 맥락 위에 놓여 있기 때문이다. 우리는 항상 무엇인가를 지향하고 무엇인가를 위해 행위한다.

모든 지식은 인간에게 유의미한 지식이다. 객관적 학문인 과학이나 의학도 마찬가지다. 인간에게 의미가 없다면 과학과 의학적 지식도 살아남지 못했을 것이다. 이들 지식도 현대 과학의 패러다임에 부합하는 범위에서 객관이고 가치중립적인 지식으로 대우받는 것이다. 이처럼 세상의 모든 지식이 순수한 가치중립성에 도달하는 것은 애초 불가능하다. 교육의 가치중립성이란 그것을 요구하는 보수기득권자들의 요구에 부합할 뿐이다. 이에 대해 우리는 오히려 모든 지식에 대해 적극적으로 가치 개입할 것을 요구해야 한다. 지식이 사회의 자유와 평등에 기여하는가 물을 수 있어야 한다. 가치중립이야말로 몰가치에 의한 현실 추수를 초래하기 때문이다. 교사는 가치중립적으로 정보를 전달하고 판단은 학생이 내리도록 한다는 신화는 현실에 대한 방기로서 현실적 힘의 논리를 추종하는 자율의 자기기만에 지나지 않는다. 오히려 교사는 진실에 대한 감각과 양심, 그리고 이성을 적극적으로 사용하며, 공공에 대한 가치관을 확고히 가지고 있어야 한다. 그렇다고 교육이 급진적 이데올로기의 선전과 설득, 그리고 실천을 의미하는 것은 아니다. 그것이야말로 인간을 수단화하는 것이기 때문이다. 공공의 가치는 보수든 진보든 모든 사회가 가져야 할 공약수일 뿐이다. 교육은 그 최소 원칙을 확인하고 실천하는 것이다.

공공의 원칙

그렇다면 교육이 필요로 하는 사회의 최소 원칙은 무엇일까? 그것은 바로 모든 인간이 자유롭고 평등하게 살아가도록 사회 안에 정의를 유지해야 한다는 원칙이다. 남의 자유를 침해하고 남을 착취해서는 안 된다. 지나치게 많이 소유하는 것은 공공의 자유와 평등을 위협한다. 사회인으로서 우리는 정의로운 사회를 유지해야 할 책임이 있다. 그러므로 개인의 성공도 공공의 자유와 평등을 보장하고 확대하는 데 기여하는 것이어야 한다. 이러한 공공의 원칙 안에서 생계를 꾸리고 정치를 해야 한다. 이것은 공존의 원칙이기 때문에 시간과 장소를 초월한다. 우리는 사회가 지녀야 할 원칙에 대해 미래 세대와도 확고하게 공유할 수 있어야 한다. 그리고 공공의 원칙을 위반하고 공공의 질서를 해치는 것에 대해 정당히 비판할 수 있어야 한다. 사회는 공공의 원칙을 필요로 한다. 공존을 위한 최소의 원칙, 이것이야말로 법 중의 법이다. 만약 지금 여기의 현실 사회가 자유와 평등의 원칙을 어기고 있다면, 우리는 그 사회에 대해 불복종을 감행하고, 그것을 대체할 공공의 원칙을 지키는 새사회와 규칙을 만들어 가야 한다.

게임을 하기 위해서는 필요한 규칙이 있다. 그리고 모든 게임에서는 페어플레이를 해야 한다는 규칙을 넘어선 규칙이 있다. 페어플레이 정신이 지켜지지 않는다면 그런 게임은 하지 않는 게 낫기 때문이다. 교육이 전수해야 할 것은 바로 페어플레이 정신일 것이다. 현실 사회에서 기득권 세력이 주도하여 불편부당한 규칙을 정하고 부당하게 게임 참여를 강요한다면 그것은 폭력이다. 그런 사회도 그런 교육도 폭력이다. 그에 대해서는 비폭력 불복종의 저항으로 대응해야 한다. 이것이야말로 생존권을 지키고 자유롭고 평등하게 사는 길이다. 자유와 평등한 삶은 권리이자 의무다.

현실이 부당하다면 이런 사회관과 교육관은 당연히 혁명적으로 보일 것이다. 하지만 사회가 정당하다면 이것이야말로 당연한 원칙이다. 공공의 질서를 유지하고 만인에게 유익하기를 바라는 것이야말로 사회의 일반의지이기 때문이다. 우리는 교육의 중요 과제를 해결한 셈이다. 교육의 가치중립성이니 의식화니 하는 논란에 상관없이, 교육은 공공의 원칙을 확고히 고수해야 한다.

하지만 교과서를 보자. 정권에 따라 교과서는 수시로 바뀌고 교과서에는 국가의 이데올로기나 기득권의 이득을 합리화하는 내용의 세계관이 너무나 자연스럽게 투영되어 있다. 그리고 그것을 객관적 지식인 것처럼 강요하고 평가를 통해 강제 주입시키고 있다. 이것이야말로 평등을 가장한 선전 아닌가? 우리가 제도권 교육을 반대해야 하는 이유는 너무도 자명하다. 교사는 양심에 따라 가르칠 의무가 있고, 양심에 따라 부당한 사회에 대해 거부할 권리도 있다. 그런 교사의 자유는 보호받아 마땅하다.

아이들의 자유

한편 교육의 주된 관심은 개인이기도 하다. 이것은 자유의 영역과 더 깊이 관계한다. 교육을 의미하는 'education'은 교육의 목적을 잘 설명하는 말이다. 바로 아동 중심 교육관으로 불리는 것이다. 교육은 일방적 사회화, 즉 가르치는 것만이 아니다. 아동의 가능성이 잘 발현될 수 있도록 도와주는 것이다. 'education'은 안의 것을 밖으로 끄집어낸다는 의미가 있다. 자칫 교사의 인위적 활동으로 해석할 여지도 있다. 하지만 밖의 것을 안으로 집어넣거나 주입하는 것이 아니라 안의 것을 밖으로 드러낸다는 의미에서, 교육의 중심을 학생의 외부가 아닌 내부에서, 교사가 아닌 학생에서 찾고 있음을 주목해야 한다.

교육을 아동 중심으로 봐야 하는 이유는 간단하다. 아이도 사람이다. 사람은 모두 가능의 존재이다. 교사가 아이의 가능성과 미래에 대해 함부로 단정해서는 안 된다. 물론 아이들도 미숙한 점을 가지고 있다. 하지만 아이도 존엄성과 인격을 가지고 있다. 아이들도 자유롭고 평등하게 삶을 누릴 권리를 가지고 있다. 내가 바라는 대로만 아이를 키우는 것은 폭력이다. 최대한 아이가 자유롭게 성장하며 자기를 발견하고 시행착오를 통해 자기 수정을 할 수 있도록 기회를 주어야 한다. 그렇게 건강한 주체를 형성하고 정당하게 발현하는 것이야말로 교육의 관심이다. 하지만 아이도 공공의 원칙에 대한 감각을 배우고 지킬 수 있어야 한다. 자유가 방임이 되고 공공의 원칙을 위반할 때는 수정되어야 한다. 교사는 아이가 공공의 원칙을 어기지 않고 공익에 기여하는 삶을 살 수 있도록 아이와 상호작용해야 한다. 하지만 이것은 이론적으로 전수되는 것이 아니다. 아이가 자신의 자유를 누리면서 타인의 자유와 공존하기 위한 감각을 터득해야 한다. 인간은 사회적 동물이다. 사회가 자유롭고 평등할 때 나도 행복할 수 있다.

지금의 교육과정과 학교 시스템이 관리자 중심의 교육제도라는 것은 슬픈 일이다. 그렇기 때문에 아이들은 학교에서 자신을 찾는 게 아니라 사회화되면서 자신을 잃는다. 아이들이 자기를 발견하고 탐구할 수 있는 기회를 주려면 좀 더 과감히 자유를 허용해야 한다. 그리고 아이들을 외부의 잣대로 함부로 평가하고 판단하는 일을 멈춰야 한다. 대신 아이들은 우선 자연과 자유로운 문화 속에서 맘껏 몰입하며 자신을 발견하고 자기 확신을 가질 수 있어야 한다. 시행착오야말로 소중한 수업이다. 모든 것을 억지로 주입하거나 강요해서는 안 된다. 그러기 위해서는 자유와 평등, 그리고 공공의 원칙을 철저히 의식해야 한다. 인간은 불완전하지만 모든 인간은 자신의 행복을 추구하고 사회와 조화롭고자 하는 욕구를 가지고 있다. 아이들에게 필요한 것은 불신에 의한 간섭보다는 믿음에 의한 자유이다.

교육의 이념은 '내'가 자유롭고 '우리'가 평등하게 사는 것이다. 개인적으로는 자유롭고 사회적으로는 평등한 삶은 마땅히 모든 사람이 정당하게 요구할 수 있는 권리가 있다.

하지만 우리는 아동의 사회화라는 잘못된 편견으로, 또 아이를 위한다는 어른 중심의 욕망으로 교육이 아닌 제도의 권위적 폭력을 행사하고 있다. 잊지 말자. 교육은 '나의 자유와 우리의 평등'을 지켜야 한다.

계몽의 과제

> **"** 입시전쟁을 지켜볼 때 교육이 너무나 비인간적으로 느껴진다. 우리의 교육
> 은 휴머니즘을 잊은 것일까? 뜨거운 열정으로 외쳤던 자유, 평등, 박애의 이
> 념이 무한 경쟁 속에 실종되고 있다. 지금 교육은 민주와 자본 사이 선택의
> 기로에 놓인 듯하다. **"**

교육의 역사성

교육은 절대적인 것이 아니다. 우리가 알고 있는 교육은 근대교육이
고, 근대교육은 계몽의 일환으로 탄생했을 뿐이다. 하지만 근대교육
밖에 경험해 보지 못했기 때문에 우리는 근대교육을 교육의 전부인
것으로 착각하곤 한다. 그러므로 우리는 근대교육의 편견으로부터
완전히 자유로울 수 없다. 교육을 이야기하며 근대교육의 법과 제
도에 의한 의무교육, 교육과정, 학교 시스템, 그리고 평가 시스템 등
근대교육의 특수한 기법들을 절대시할 필요도 없다.

근대교육을 온당히 평가하고 근대교육의 문제점을 극복하기 위
해서라도, 장구한 인류사를 의식하며, 서양에서 탄생한 근대교육을

상대화해 성찰해 볼 필요가 있다. 왜냐하면 세상 모든 것은 변화하기 때문이다. 세상 모든 것이 변화하는데 교육은 변화하지 않는 것처럼 생각하고 이야기한다면 이미 오류이기 때문이다. 한 가지 확실한 것은 우리가 인류의 어느 시대보다도 교육량이 많은 시대를 살고 있고, 학교교육이 학교를 불신하는 사람들에게도 거의 절대적인 영향을 미치고 있다는 사실이다. 그래서 더욱 현실의 제도교육을 절대화하는 경향이 있다. 하지만 지금 그것이 주류라고 해서 그것이 항상 옳은 것은 아니다.

나는 근대교육의 탄생 과정에서 발생한 계몽에서 국가로의 축이동을 우리가 눈여겨보고, 본원의 교육을 회복할 수 있기를 바란다.

계몽주의

근대교육에서 가장 중요한 것은 평등의 이념이다. 근대교육은 아직도 민주주의와 평등의 신화 속에 건재하다. 만약 평등의 신화가 무너진다면 근대교육도 무너질 것이다. 그 정도로 평등의 이념은 근대교육의 뿌리를 이룬다.

근대교육의 씨앗인 평등의 이념이 뿌려진 시대는 계몽주의 시대이다. 계몽주의 시대는 유럽이 항해 시대를 통해 지리상의 발견을 하고 종교개혁을 통해 개신교가 등장하면서 점차 왕권이 강화되어 민족국가를 수립해 나갈 때이다. 절대왕정이 등장해 민족국가를 수립해 나갈 때지만, 르네상스 이후 인문주의가 등장해 유동적으로 변화하는 세계에서 국가와 인민에 대한 다양한 이론들을 내놓게 되었다. 인문주의는 특히 프랑스혁명의 이념인 자유, 평등, 박애 사상과 민주주의의 개념을 만들었다.

루소의 사상은 단연 돋보인다. 그의 영향력은 정치적인 것에도 미치지만 특히 교육에서도 절대적이었다. 그는 『에밀』을 통해 근대 교육의 씨앗을 처음 뿌리게 된다. 그는 기존의 오염된 사회의 오염된 교육을 거부하고 자연인으로서 자연 안에서 성장하며 점차 문명화되는 인간의 모습을 그렸다. 그는 교육의 중심을 가르치는 어른에서 성장하는 아동으로 이동시켰다. 오염된 사회 대신 자연과 가정을 중요하게 생각했다. 특히 그의 자연인에는 맹자의 성선설처럼 인간에 대한 신뢰가 담겨 있다. 따라서 교육(education)의 참된 의미는 아이의 가능성이 자연스럽게 밖으로 발현될 수 있도록 돕는 것이라고 생각했다. 그는 만인 평등의 사상 위에서 교육이 정치적·경제적 불평등에 영향을 받지 않기를 바랐다. 그의 자연주의와 아동 중심 교육관 그리고 노작(勞作)교육 등은 후대 교육가들에게 계승되어 계급의 차별을 받지 않는 평등한 보편 교육의 이상으로 모아졌다. 그들은 교육을 통해서 민주주의 정부를 만들어 내는 올바른 시민을 기를 수 있다고 믿었다.

세부적인 방법론의 차이는 있지만, 계몽주의자들의 공통점은 크게 두 가지로 정리할 수 있다. 첫째, 억압받는 민중을 해방시켜 그들을 시민으로 교육하는 것이 하나고, 둘째, 절대주의 왕정을 무너뜨리고 해방되고 각성된 민중의 민주국가를 세우는 것이다. 평등 교육은 당연히 혁명의 목표이자 수단이었다.

한편 종교개혁으로 종교의 지배로부터 자유로워진 군주들은 계몽의 후원자가 되기도 하였다. 소위 계몽군주가 등장할 수 있었던 배경은 첫째, 식민지 개척으로 재화가 풍부해졌고, 둘째, 르네상스 이후 새로운 지식이 유럽 사회를 휩쓸었으며, 셋째, 종교의 지배로부터 벗어난 민족국가를 통합할 새로운 이념이 필요했기 때문이다. 계몽주의는 새로운 국가의 정신으로 적합했다. 프랑스혁명은 계몽주의의 현실적 기폭제가 되어 유럽 사회를 휩쓸었다. 혁명과 반동이 있었지만 과학과 산업 자본주의까지 가세한 새로운 변화의 물결을 막을 수는 없었다.

국가주의 교육

민족국가들은 루소 이래로 교육자들이 내세운 평등한 인민의 교육을 통한 새로운 시민 양성 프로그램에 관심이 많았다. 더구나 새롭게 등장하기 시작한 산업 자본주의 체제가 필요로 하는 노동자 육성을 위해서라도 학교는 좋은 제도였다. 국민교육은 국가권력의 이익에 부합할 뿐만 아니라 부르주아의 이익에도 부합하였던 것이다.

그런데 계몽의 기획이 새롭게 싹튼 국가주의로 전화되고 말았다. 왜 이렇게 쉽게 계몽을 국가가 독점할 수 있었을까? 그것은 첫째, 계몽이 채택한 이성주의가 세계를 대상화하는 구조를 취하고 있었기 때문이다. 계몽은 쉽게 국가의 기획과 타협했다. 국가가 이성의 기획으로써 계몽이 마련한 기획을 국가의 정치적·경제적 필요로 각색해 활용하였기 때문이다. 더구나 근대 민족국가는 국민의 일상생활 모든 것에 속속들이 관여하며 새로운 국가 체제를 구축해 나가는데 관료제도와 함께 학교, 그리고 군대를 더할 나위 없이 좋은 수단으로 활용했다. 제국주의 시대 유럽 사회를 관통하는 국가 간 경쟁으로 국가마다 산업 자본가들을 육성하여 빠르게 공업화할 필요도 있었다. 국민은 부국강병을 위해 정치·경제적으로 재조직될 필요가 있었다. 기업과 국가의 이익이 딱 맞아떨어졌다.

국가는 헌법을 통해 국방, 교육, 노동의 의무를 명시하고 곧바로 근대교육의 헤게모니를 장악했다. 계몽의 힘을 믿었던 많은 이들이 국가의 의무교육 제도에 찬성하고 앞장섰지만 민족국가 시대에 국가주의와 계몽의 교육을 구분하는 안목을 가지기는 어려웠다.

계몽을 선취한 국가는 관료 제도와 공장의 일괄 시스템으로 학교를 조직해 나갔다. 그 사이 계몽의 교육이 가졌던 아동 중심 교육 관이나 혁명사상은 실종되고, 의무교육이라는 명시적이고 가시적인 평등만이 살아남게 되었다. 기회의 균등이라는 외면적 평등이 국가주의에 의해 통제되는 주입식 교육을 합리화했다.

평등은 계몽의 혁명 정신 속에서 탄생한 것이지만 그것을 국가가 전취하면서 강제와 억압의 명분으로 전락하고 말았다. 국가의 헌법 속에 교육의 권리와 의무가 명기되는 순간 계몽의 평등이 왜곡되었다는 것은 아이러니다. 우리는 계몽의 교육 대신 국가주의 교육을 맞이했다. 그리고 그것은 시대가 흐름에 따라 산업 자본주의와 세계 자본주의 체제에 대한 적응 수단으로 다시 한 번 왜곡되고 말았다. 학교는 의무교육을 통해 불평등을 해소하고 평등을 실현한다는 계몽의 기획 대신, 경쟁을 통해 불평등을 내면화하는 기관으로 자리잡게 되었다.

이런 상황에서 근대 국가주의 교육을 과연 계몽의 시대에 발견한 교육으로 부를 수 있을까? 시민교육의 이상이 '우민화 교육'으로 전락했음에도 여전히 기회의 균등을 외치며 안이하게 개량의 타협을 모색할 수 있을까?

현대교육

우리는 근대 교육의 발생 초기에 이미 계몽에서 국가로의 축 변화를 경험했다. 그래서 근대 교육을 국가주의 교육이라고 부르는 것이다. 현대 교육은 여전히 국가에 의해 지탱되지만 철저히 자본주의에 의해 관철되고 침식되어 왔다. 현대에 접어들면서 학급 붕괴니 왕따니 하면서 근대교육 제도의 위기가 여러 곳에서 동시다발적으로 포착되고 있다. 근대 교육은 점차 무력한 '꼰대'가 되어 가고 있는 인상을 지우지 못하고 있다. 학교가 시대에 뒤떨어지고 있다는 위기의식은 어디로부터 오는가? 첫째 정보화 시대를 맞이해 SNS의 발달로 아이들이 세계 자본주의 환경에 직접 노출되어 있다. 한편 자본의 원리와 현실이 학교로 침투하면서 학생 개인에게 좀더 특화된 상품 가치를 요구한다. 국가 정치가 경제에 대해 통제력을 행사하지 못하는 상황에서 교육도 점차 시장의 논리에 의해 운영되고 있다. 평등의 이념에 충실해야 할 학교가 차별의 이념에 충실한 시장의 속도를 따라갈 수 없는 것은 당연하다. 하지만 학교는 이미 시장에 완전히 포위되었다. 당연히 국가주의 교육은 꼰대로서 조롱의 대상이 되는 것이고, 학교의 모순은 갈수록 심화될 것이다.

이런 상황에도 국가는 근대 교육 시스템을 포기하지 않고 꽉 붙잡아야 하는 이유가 있다. 왜냐하면 국가가 교육에 대한 헤게모니를 포기하는 순간 국가의 존립 근거 자체가 흔들리기 때문이다. 의무교육이야말로 선거와 함께 국가가 내세우는 민주주의의 유일한 보루이다. 평등의 유일한 거점이다. 경제적 불평등과 계급화가 너무나 자명한 상황에서 시장의 요구대로 교육시장을 자유화하고 의무교육을 포기하면 곧바로 국가의 존립 기반이 흔들린다. 하지만 시장과 자본은 교육시장을 유연하게 하기 위해 좀 더 특화되고 다양한 학교와 제도를 정부에게 요구해 갈 것이다. 결국 국가는 자본의 요구에 점점 양보하면서도 의무교육을 부여잡고 최후까지 권력을 행사하며, 무력감과 패배감에 젖은 대중을 양산하는 일에 전념할 것이다. 그렇다고 시장 자유주의의 원리에 교육을 내맡겨 놓을 수도 없다. 아무튼 현대의 교육 헤게모니를 장악하고 있는 국가와 자본에게 계몽의 정신을 기대하는 것은 불가능하다.

그렇다면 학교의 신화를 깨기 위해서 우리는 최초 계몽의 정신을 상기할 필요가 있다. 만민 평등 사상에 입각해 정치적 · 경제적 · 교육적 평등을 요구하고 차별을 폐지해 나가야 하는 것이다. 그리고 철저한 아동 중심의 교육관을 되찾아야 한다. 제도 교육은 제도 자체가 가진 한계 때문에 아동 중심 교육관을 실천하는 데 근본적인 제약이 있다. 그렇다면 교육받을 권리와 아동 중심 교육관을 실현하기 위해서, 우리는 국가의 통제를 철폐하고, 국가가 교육에 대해 통제하는 대신 만민이 권리를 누릴 수 있도록 인프라를 구축하고 제도적으로 지원하는 일에 몰두하도록 해야 한다. 동시에 신자유주의 자본의 침투와 장악을 거부하고 막아 나가야 한다.

하지만 지금의 교육은 점차 시장화되어 가고 있다. 공적 가치를 찾아보는 것이 거의 불가능해지고, 오직 사익 추구 수단이 되어 가고 있다.

계몽의 혁명은 아직 시작하지 않았다. 현대 교육은 아직도 계몽의 과제를 안고 있는 셈이다.

2부 오래된 이야기

우리들의 무기

골목을 뛰어다니며 쏘아대는
아이들의 물총처럼
개구쟁이 아이들의 낭랑한 웃음처럼
우리들의 무기는 사랑이어라

오랜 전쟁과 분단을 끝내고
성과 인종과 계급의 각종 차별을 끝내고
냇물에서 벌거숭이인 채로 뛰노는
아이들의 하얀 몸뚱이처럼
저 맑은 웃음이어라

나는 싸우지 않겠네
옳음을 주장하지도 않겠네
소꿉놀이에 열중한 아이처럼 오직 침묵으로
기다리겠네 그저 한없이
파란 하늘에 물장구치며

그러나

저 차가운 총과 폭탄이
우릴 지킨 적은 없어라 정녕 없어라
단 한 번도 없어라
아비가 아비를 낳듯
두려움이 폭력을 낳고
독점은 고통을 낳았네
대신 우리는 심장에
아이들의 저 꽃을 피우는 물총처럼 꽃방망이처럼
사랑의 폭탄을 지니겠네

핵폭탄보다 막강한 사랑으로
꽃 피겠네
세상 구석구석 겁 없이 쏟아지는 소나기처럼
꽃 피겠네
활개치며 우르르 달려가는 아이들처럼
꽃 피겠네

축복과
사랑과
믿음과
평화와
자유의
마음
그것이 삶이어라

만세 만세 사랑 만세

사람과 새와 풀과 냇물이
한 하늘 아래 모두 형제이듯
아무도 벗어날 수 없어라
사랑 하나뿐이어라

그리하여 우리가 날릴 수 있는 것은
하늘의 저 민들레 홀씨처럼
한없이 가볍고 빛나는 사랑이어라

말의 역사

" 사람은 앵무새가 아니다. 하지만 학교는 아이들에게 앵무새가 될 것을 요구
하고 있다. 교육은 아이가 남의 말을 반복하는 게 아니라 자기 말을 하도록
돕는 일이다. 자기 말로 자기를 말하는 것 그것이야말로 혁명이다. "

발화 욕구

사춘기 무렵 나는 소심하고 무식했다. 모르는 게 많아 심한 열등의
식을 느꼈다. 알고 싶었다. 그때부터 서점과 도서관, 헌책방을 드나
들기 시작했다. 항상 손엔 책이 붙어 있었다. 학교교육에 순응하긴
했지만 나 자신을 지키기 위해서라도 교과와 관련 없는 책을 주머니
나 가방에 넣어가지고 다니며 틈틈이 읽었다.

뭘까? 아닌 것 같은데 설명할 길이 없었다. 확실히 아는 게 없으
면 제대로 살 수 없을 것 같았다. 나만의 세계관이 필요했다. 의심할
수 없는 나의 철학을 가지고 싶었다. 도무지 이해도 안 되는 동양학
책을 오기로 읽고, 『짜라투스트라는 이렇게 말했다』를 읽다가는 이
해를 못해 절망을 하기도 했다. 고등학교에 올라가 도서반에 들었고

매주 소설을 읽고 독서토론을 했지만 토론에 참여해 한마디도 해 본 적이 없는 쑥맥이었다. 말의 주눅들음에서 벗어나 내 말을 하고 싶었다. 그 전까지 나는 일기장에 고통스런 독백을 끄적였다. 발화! 말을 한다는 것은 곧 내가 내 삶을 산다는 것이었다. 아기가 태어나 우렁차게 울음을 터뜨리는 것처럼, 그 울음이 온 세상에 지르는 독존의 함성인 것처럼. 나는 왜 말에 갑갑증을 가졌고 나만의 말을 하고 싶었을까? 그렇다 내겐 말이 곧 존재의 함성이었다.

높임법이 발달한 한국말은 위계가 뚜렷하다. 아무리 동방예의지국으로 미화해도 지독한 위계의 흔적이다. 말로 위계가 이미 정해진 상황에서 위계를 뒤흔드는 허심탄회한 대화를 나누는 게 쉽지 않다. 대화 내용 자체가 무의식중에 제한되고 한정된다.

민감한 사춘기에 내가 말에 억눌렸던 것은 어쩌면 말 자체보다 말이 가진 위계와 권력 때문일 것이다. 기성의 권력을 거부하고 나를 세우고자 하는 소망이었는지 모른다. 그렇다. 말은 사회적 관계는 물론 지위를 또한 나타낸다. 말에 대한 내 욕망은 자기 정체성과 사회적 위치에 대한 욕구이기도 했던 것이다.

고대의 말

말의 힘이 가장 장엄하게 묘사되는 것은 구약성경이 아닐까 한다. 창세기는 신의 말(명령)로 가득하다. '빛이 있으라 하니 빛이 있었다'는 식의 말(명령)로 세상을 만든다. 최초의 인간에겐 선악과를 따먹지 말라고 (말로써) 금지하기도 한다. 쉼없이 유대 민족에게 명령하는 저 목소리는 뭘까? 가부장적 남성의 저 강한 어조는. 도대체 말이 무엇이기에 신약성경의 요한복음은 '태초에 말씀이 있었다'고까지 선언했을까? 그렇다. 말이 곧 존재의 함성으로서, 힘에의 의지이자 권력이었다.

말이 존재의 권력이 되는 것은 말의 속성과도 관계가 있다. 말은 뜻을 거느린다. 기표와 기의로 연결되는데, 단순한 연결이 아니라 규정이고 제시다. 그리고 규정과 제시에는 의도한 것이 아니어도 지배와 배제가 따른다. 말을 통해 존재는 이미 재규정되어 재배열된다. 내가 어떤 언어를 사용한다는 것은 곧 그 언어가 가진 세계관으로 세계를 바라보고 그 세계만을 인식하며 산다는 것을 의미한다.

그러므로 말은 세계에 대한 지식이기도 한 것이다. 지식도 요즘같은 보통 지식이 아니다. 막강한 권력이다. 고대에는 보통 사람이 접근할 수 없는 신성한 말이 있었고 신성한 지식이 있었다. 그것은 말과 지식의 독점과 그것에 의한 지배가 가능했음을 의미한다. 말로 된 신성한 지식은 누구도 침범할 수 없는 절대권력이었다. 그 시대를 경전시대라고 해야 할까, 율법시대라고 해야 할까, 사제시대라고 해야 할까? 이젠 칼을 육체적으로 힘 있는 자가 쥐는 게 아니었다.

칼은 말을 가진 자들이 쥐었다. 인도의 브라만(사제) 계급이 크샤트리아(왕)보다 높고, 모세가 신에게서 받았다는 십계를 선포하고 민족을 이끌었듯, 사제들이 신성한 지식을 경전의 이름으로 독점하고 모든 사람들 위에 군림하였다. 기존 사제의 지식과 권력에 대항해 그리스의 자연철학자들이나 인도의 우파니샤드 철학자들, 그리고 중국의 제자백가들은 바로 새로운 말을 하며 지식을 생산하고 세계를 바꾸려는 지식의 싸움을 전개했다. 세상을 바꾸기 위해서는 새 지식 새 말이 필요한 것이었다. 말과 지식의 주술에서 벗어나기 위해서는 보다 설득력 있는 말의 힘에 의존할 수밖에 없었다.

하지만 말을 감싼 아우라를 거두는 것은 쉽지 않았다. 말과 지식의 신비화야말로 권력의 영속을 보장하는 지름길이었기 때문이다. 신성한 지식, 신성한 언어는 고대를 가득 채웠다. 유대인들이 하느님의 이름을 직접 부를 수 없었던 것처럼, 산스크리트어나 라틴어나 한자가 각 문화권에서 차지한 권력은 절대적인 것이었고, 그 언어는 곧 세계관과 개인의 생각을 지배하고 군림했다. 사어가 여전히 권력을 행사한 중세를 떠올리면 죽은 아비가 산 아들을 올라탄 모습이다. 말이 만들어 낸 지식(이데올로기)이 얼마나 강력한 신비의 옷을 입었기에 죽어도 죽지 않고 권력을 이어갔을까? 그래서 고대의 신비화된 독점 지식은 중세까지 그늘을 드리우게 되었다. 중세라는 아들은 자기의 말이 있었지만 아직 죽은 아비인 고대의 지식을 극복할 수 없었다.

민족어와 자유

각 민족이 제 말로 존재의 함성을 지르기까지는 많은 대가가 필
요했다.

루터의 〈95개조 반박문〉 발표, 성경의 독일어 번역과 인쇄술을
통한 보급, 한글창제 등 민족문자가 자리를 잡고 민족국가의 정체성
을 갖고 문법을 제정해 그 힘을 결집시키는 과정을 보아도 말을 통
한 권력의 싸움과 철저한 힘의 논리를 짐작할 수 있다. 르네상스와
종교혁명의 세례 속에서 새롭게 등장한 지식은 점차 정통과 이단으
로 무장한 고대의 군림을 벗어날 수 있게 하였다. 종이호랑이의 정
체가 드러난 것이다. 덕분에 새 지식인들은 권력관계를 재편하고 세
계를 바꿀 수 있게 되었다. 이성이라는 무기와 과학의 발견들이 지
식에게 놀라운 힘을 주었다. 새롭게 등장한 민족국가들은 곧 내부에
축적된 힘을 외부로 돌려 제국주의 시대를 열게 되었다. 열강의 민
족어가 국제어가 되기 시작했다. 세상의 언어들이 연구되고 강대한
민족국가의 말과 지식이 군대와 같은 문법적 체계를 갖추고 중세 종
교가 하던 일을 대신하게 되었다. 제국의 중앙어들은 지방어와 소수
민족어들을 몰아내면서 점차 세계를 통치하게 되었다. 문화의 이름

으로 보급된 학교만큼 그 역할을 잘 수행하는 곳도 없었다. 학교는 권력이 만들어 낸 교과서를 들고 손쉽게 지방어와 지방문화를 파괴하며 통치를 용이하게 하는 이데올로기 보급소이기도 했다. 사람들은 교회 대신 학교에 나가게 되었다. 그것이 근대세계의 풍경이다.

조선 시대 민족과 한자와의 관계는 중세의 풍경이다. 일제시대 민족과 일본어와의 관계는 제국시대의 풍경이다. 그리고 일제시대 우리말 연구가 독립운동의 일환이 되고 우리말과 지식을 지키고자 노력했던 것은 제국에 대항해 독립하고자 했던 약소민족들의 공통된 과제이기도 했던 것이다. 결국 제국주의는 제국들끼리의 전쟁으로 종식되고, 민족국가들이 지구 위에 등장해 현대 세계를 이루고 있다. 물론 아직도 민족국가의 수많은 소수민족과 지방들은 제국과 민족들의 관계를 답습하고 있고, 민족국가들은 근대의 발명품인 학교를 통해 문명의 이름으로 각 지방과 소수민족들에게 말과 지식을 통해 국가 이데올로기를 주입하며 통치하고 있다.

누가 말을 소통 수단이라고 하는가? 그렇다. 말은 물론 일상의 소통 수단이다. 하지만 말은 지배 수단이기도 한 것이다. 말이 지배 수단이 아닌 진정한 소통 수단이 되게 하기 위해서는 말과 지식이 가진 권력의 힘을 약화시켜야 한다. 개개인이 자기 말을 가져야 하고, 자유롭게 지식을 가질 수 있어야 한다. 그리고 서로가 가진 말과 지식의 차이가 존중받아야 한다. 그때 비로소 말과 지식은 권력의 지배 수단이 아니라, 자유를 실현하고 평화를 이루기 위한 수단이 될 것이다. 하지만 우리는 아직 불완전한 상태다. 말과 지식 안에 권력과 자유가 혼재해 있다. 아니 권력이 더 우세하다. 르네상스의 인간 해방과 지식 해방은 물론, 민족들의 혁명 과제도 아직 해결되지 않고 있다.

근대 학교는 근대국가의 권력기관이다. 말과 지식을 독점하고 그 세계상을 보급하고 그것에 의해 지배한다. 말과 지식이 자유에 기여하기보다 권력에 기여하고 있는 상황이다. 나는 그것을 문법과 지식을 고수하는 학교라는 제도의 지배 때문이라고 생각한다. 하지만 지금은 학교보다 더 막강해진 자본주의의 매체가 또한 있다. 학교 뒤에 국가가 있다면 인터넷을 비롯해 신문, TV, 영화 등 각종 매체 뒤엔 세계 자본가들이 군림하고 있다. 근대엔 자본가가 국가권력과 긴장 관계를 갖기도 했으나 지금은 자본가가 국가를 장악하거나 국가권력을 대체하는 권력을 행사하고 있다. 그들이 지배하는 말과 문법, 그리고 지식에 맞서서 자유와 해방을 증식해 나가기엔 참으로 벅찬 상황이다.

민중어와 해방

그래서였던가? 노자의 나라는 식자를 존중하지 않고, 박지원이 그린 허생의 빈섬 유토피아는 지식인을 몰아냈다. 플라톤은 시인을 추방해야 한다고 생각했다. 간단하다. 지식인이 해방하는 사람이 아니라 지배하고 명령하고 군림하고 그것을 용이하게 하는 데 기여하기 때문이다. 그들을 우리는 테크노크라트라 부른다. 지식의 힘을 이용해 위계와 권력을 창출하고 지배 구조를 만든 것이 지식인이기 때문이다.

건국 200년이 지나 망할 듯 망할 듯하던 조선이 망하지 않고 300년이나 더 지속된 것은 가히 당대 지식인이었던 유학자들의 이데올로기 지배가 철통같았기 때문이다. 조선의 정통과 이단 논쟁과 사화와 당쟁의 역사는 중세 유럽의 종교재판과 마녀사냥과 유사한 점이 있다. 하지만 우리는 아직 저 시원의 발화 욕구를 가지고 있다. 인간의 자유와 휴머니즘을 낳게 된 르네상스의 사명을 아직 완수하고 있지 못하다. 지식의 신비와 말의 권력을 벗겨 만인이 자유롭고 평등한 세상에서 만인의 말로 만인의 지식을 자유롭게 떠들고 나눌 수 있는 사회는 아직 도래하지 않았다. 우리는 아직도 국가가 근대 기획의 일환으로 발명한 학교라는 기관이 지식 보급을 통해 기회를 균등하게 준다는 신화에서 벗어나지 못하고 있다. 학교를 통해 독점된 지식의 지배와 복종에 의해 사회적 지배와 복종이 내면화되고 관철되고 있다는 것을 인정하지 않는다. 학교가 민중에게 자유가 가능한 지식을 주기보다, 국가와 기업가가 필요로 하는 순종적인 노동자를 양산하기 위한 서열화 공장이라는 것을 인정하려 하지 않는다.

하지만 이런 구조를 통찰하고 해결하려는 노력이 없었던 것은 아니다. 지식인 중에도 지식인의 기득권과 권력에 안주하지 않고 인간의 양심으로 르네상스적 자유와 해방의 사명감을 간직한 사람들이 있었다. 그들은 새로운 말과 지식으로 국가와 자본이 지배하는 말과 지식에 돌을 던지는 다윗과 같았다. 계몽주의자들 자신이 그랬다. 우리는 7, 80년대 민중운동 시절의 한완상의 『민중과 지식인』과 당시의 민중론과 지식인 담론도 그런 맥락에서 이해할 수 있을 것이다. 권력에 봉사하고 기득권에 안주하는 지식인이 아니라, 그것에 대항하는 선각자로서 낡은 구조를 통찰하고 새로운 말이라는 무기를, 말을 빼앗긴 사람들에게 되돌려주고자 했던 운동들도 있었다. 구약의 예언자들처럼 그들은 새로운 말과 지식을 가지고 나타난다. 파울로 프레이리 같은 이들이 남미와 북미에서 실현하고자 했던 언어교육이 그렇다. 민중이 자기의 삶을 자기 말로 하는 것이야말로 그들의 말과 지식에 놀아나지 않는 길이었기 때문이다. 7, 80년대 학생운동과 야학운동, 노동운동의 일부에서도 3세계의 이러한 민중의 각성운동과 통하는 민중어운동이 있었다. 모두 권력에 의해 빼앗긴 말을 되찾고 삶의 자유를 되찾기 위한 운동이었다.

새로운 중세와 자유의 함성

학교는 교회와 다르지 않다. 목사가 성경을 권위를 가지고 설교하듯, 학교는 교사가 교과서를 권위를 가지고 설명한다. 그리고 그것은 시대의 권력에 봉사한다. 자유란 무엇인가? 그것은 내가 내 말을 부끄럼 없이 두려움 없이 하는 것이기도 하다. 학교를 맹종했기 때문에, 어쩌면 우리는 바른 말 한마디 하면 싸잡아 빨갱이라고 비난하고 재판에 붙이고 감옥에 처넣는 일을 방관하는지도 모른다. 지금의 우리 생각은 우리의 생각이 아니다. 학교만이 아니다. 지금은 각종 매체의 권력이 우리의 뼛속까지 영향을 미치고 있다. 신자유주의 시대 초국적 자본은 인터넷을 비롯한 각종 매체를 통해 홍수 같은 메시지를 쏟아 놓는다. 아니 비유가 잘못됐다. 이미 매체 환경이 그것이 없으면 생존이 불가능한 것 같은 금단현상을 낳으면서 공기 같은 존재가 되어 버렸다. 그 안에서 각 분야의 지식 전문가들은 우리의 무식을 조롱하며 대책이 안 보이는 소비 노동자의 삶을 명령하고 있다. 우리는 전문가들의 말씀 한 마디 한 마디가 목말라 이리저리 몰려다닌다. 이렇게 자발적 복종으로 통치는 완성되는 것이다.

지식은 어느새 자본의 상품으로 둔갑해 지적소유권의 폭력으로 앎의 자유와 권리를 침해하고 있다. 지식이 기쁨이고 자유이던 시절은 낭만적 혁명기에나 가능했다. 지식이 돈이고 권력인 시대야말로 새롭게 도래한 중세다. 아, 지식이 돈이라니. 어느 시대도 용납하지 않았던 이 천박한 말을 용납한 이 시대야말로 자본주의 이데올로기에 완전히 세뇌된 시대가 아닌가? 무서운 SF 중세다.

온갖 상품 이미지에 뒤섞인 무국적 말 속에 내 목소리는 어디로 갔는가? SF 중세의 어둠을 몰아낼 새 르네상스의 등불을 가져올 지식은 어디 있는가? 그리고 누가 SF 중세의 저 임금을 벌거벗었다고 외치겠는가? 누가 처음 저 중세의 거인에게 돌을 던지겠는가? 그것은 더 이상 참을 수 없는 자일 것이다. 존재의 함성을 참을 수 없어서, 기어이 외치고 말아야 하는 사람일 것이다. 세상을 울어 젖히는 아기처럼. 소음 가득한 침묵의 세상에, 벌거벗은 세상을 위하여.

그리고 어느 날 엄마와 아이는 학교가 아니라 도서관에서 각자의 책을 골라보고 자기가 읽은 것을 서로 이야기할 것이다. 이야기를 나누는 즐거움이야 말로 우리가 회복해야 할 말인 것이다. 따스한 햇살이 내리는 숲을 거닐며, 지식이 있건 없건, 말을 잘 하건 못하건, 지식이 더 이상 지배도 복종도 아닌 자유를 위해 봉사하고, 우월도 열등도 없는 세상에서 서로를 위하는 말이 퍼져나갈 것이다. 맑은 웃음소리가 울려 퍼질 것이다.

왕이 죽은 세상에서.

말과 제국, 그리고 교육

❝ 울산한살림에서 강연한 내용을 다듬은 글이다. 대개 청중들은 교육에 대한 성공담이나 대안에 대해 듣고 싶어 하리라 생각해 처음엔 강연 부탁을 받고 망설였다. 하지만 나의 고민을 나누고 싶은 마음도 있었다. 나는 배경과 맥락과 성찰을 중요하게 생각했고, 좀 더 근원적이고 긴 대응을 전하고 싶었다. ❞

말과 생각

부처에게 영원을 묻거나 우주의 끝 따위를 묻는 제자가 있었다. 부처는 말했다. '독화살을 맞은 이가 있어, 신음하면서 그 독화살을 누가 쏘았고, 왜 쏘았고, 또 무슨 독이 들어 있는지 알기 전엔 수술을 받을 수 없다고 고집한다고 하자. 그러면 그의 몸에 독이 퍼져 그는 곧 죽게 될 것이다.'

그렇다면 고르기우스의 매듭처럼 얽힌 교육 문제는 어떻게 풀어야 할까? 백인백색의 대안과 해결이 제시되어도, 여전히 헤어나지 못하는 채 수렁이 된 교육.

혹 우리가 시작부터 잘못된 것은 아닐까? 기본 전제가 바르지 못한 것은 아닐까? 장님이 장님을 끌고 미로를 헤맨다. 때론 정답이 없는 것도 정답이 될 수 있다. 우선 교육 자체를 의심해 보자.

생각은 말로 이루어진다. 더구나 시대의 중심어들은 벼리 역할을 하고, 문법 구조는 사유의 구조와 범위를 한정한다. 그것을 패러다임이라고 하든 에피스테메라고 하든 신화라고 하든 세계관이라고 하든 상관없다. 교육도 예외가 아니다. 문교부—교육부—교육인적자원부—교육과학기술부로 이어지는 부서 명칭에서 우리는 국민을 대상화한 국가의 시각을 만날 수 있다. 처음엔 권위적 국가 계몽주의에서 시작해 인간을 물리적 자원으로 바라보는 산업자본주의로, 그리고 철저히 과학기술적 시각으로 이해하는 신자유주의적 세계화로 귀결되는 과정을 목격하게 된다.

교육이라는 말 자체도 문제가 있다. 교육은 철저히 '가르침'에 치우친 말이다. 교육과 공부는 180도 다르다. 교육은 철저히 '누가 누구를 가르친다'는 말이다. 주어인 '누가'는 옳고 바른 기준이 되며, 대상인 '누구를'은 그르거나 미숙한 교정 대상이 된다. '가르친다'는 말은 일방향적이기 때문에 강제적이다. 그런데 심각한 것은 주어인 '누가'가 옳지 않은 경우가 더 많다는 것이다. 교육이라는 권위주의적 말이 정착하고 발휘되었던 것은 교육이 국가의 통치 수단으로 자리 잡으면서다. 특히 현대 교육은 식민 시대와 개발독재 시대를 거치며, 권위주의적 복종의 이데올로기를 관철시키는 직접적 도구가 아니었던가?

　그래서 교육의 근본문제를 고민하는 사람들은 대상화되고 소외된 '가르침' 대신, 주체적이고 능동적인 '배움'에서 길을 찾고자 한다. 교육에 의해 왜곡된 '공부'와 '학습'의 원래 의미를 찾는 일이 그래서 중요하다. 먼저 영어, 수학 따위의 지식을 쌓는 것으로 오해받고 있는 '학습'을 살펴보자. 공자의 『논어』는 '학이'편으로 시작한다. '배우고 지금 열심히 익힌다면 즐겁지 않겠는가?(學而時習之 不亦說乎)' 주어는 빠져 있지만, 여기에서는 학습의 주체인 '나'와 대상인 '그것'이 있을 뿐이다. 재미난 건 '습(習)'이라는 말인데, 그것은 현재형이며 날기 위한 새의 날갯짓처럼 반복된 연습으로 체화하고 실천하는 과정을 나타낸다. 공부(工夫)도 기예의 부단한 연마를 뜻하며 반복에 의한 체화의 의미가 담겨 있다. 즉 유교적 전통에서의 공부나 학습이란 철저히 내가 몸으로 익혀 실천하는 것이다. 지금처럼 지식을 머릿속으로 얻는 것이 아니다. 몸으로 익혀 살아 내는 것이다. 그러나 이것도 습득해야 할 '문화'와 미숙한 '나'를 가정하면서 여전히 유교적 계몽주의라는 특별성을 띤 말일 수밖에 없다.

　배움이란 이토록 인위적인 것인가? 하지만 나는 자연의 모든 존재가 살아가기 위해 기본적으로 배운다고 생각한다. 즉 배움은 자연적 과정이다. 공자가 학습의 인위적 노력을 강조했지만, 실은 학습 자체가 이미 자연적 과정이다. 살아가기 위해 우리는 적응하며 변화하기 때문이다. 학습은 살아가기 위해 삶을 통해 습득하는 모든 활동을 의미한다. 좀 더 나아가면, 삶 자체가 배움의 연속된 과정이다.

노자는 '천지불인(天地不仁)'이라 했고, 수운은 '하늘은 불택선악(不擇善惡)'이라 했다. 이 말은 우리에게 문화적 선악의 가치판단이 얼마나 제한적이고 옹졸한 인간 중심주의인가를 알려준다. 이는 교육을 바라볼 때도 중요한 시각을 제공한다. 우리는 전제를 의심함으로써, 이 시대와 자신을 상대화할 수 있어야 한다. 교육을 둘러싼 이익과 알력을 생각하면 교육은 구제불능일 것이다. 이미 교육은 뒤틀릴 만큼 뒤틀려 있다. 국가에 의해, 경제에 의해, 사회에 의해. 그 많은 변수를 다 배려한 채 완성할 교육의 목표란 과연 뭘까? 우리를 어떤 사이보그로 만들잔 말인가?

우리는 지나치게 대뇌 중심의 세계에 매몰된 나머지 생각의 폐쇄회로에 갇혀 있다. 때문에 이러한 언어적 세계관을 극복할 필요가 있다. 편견투성이인 '교육'에 집착하는 한 우리는 교육의 올가미에서 벗어날 수 없다. 자연은 '반드시'라는 말을 하지 않는다. 우선 자연적 존재인 우리 자신을 믿자.

제국과 공동체

교육문제를 학교에서만 풀려고 하는 것은 어리석은 일이다. 학교 자체가 가정과 지역의 공동체를 파괴하고 점령하는 국가 도구로 기능하기도 했거니와, 이미 사회 전체가 학교화되어 정보화 시대, 평생교육 시대가 도래했기 때문이다. 우리는 아침부터 저녁까지 영화, 텔레비전, 신문, 컴퓨터 등의 매체 환경에 접속되어 쉼 없이 정보를 받으면서 살고 있다. 정보의 매트릭스 안에 태어나 자라고 사유하며 판단을 내린다. 우리의 의식과 삶은 이미 기계와 시스템에 접속된 상태로 존재한다. 우리는 더 이상 자연인이 아닌 사이보그적 삶을 살고 있다. 그렇다. 환경이라는 점에서 인공이 자연을 대신하게 되었다.

더불어 개인을 보호했던 전통적 사회도 와해되었다. 가정과 마을 공동체는 물론 지역적 토착성도 사라졌다. 우리는 이미 소외된 개인으로 태어나 자본주의적 생산-소비자로 길러진다. 그러니 하나의 시스템의 일부에 불과한 학교에 너무 많은 것들을 기대하지 말자. 절망하자는 말도 아니다. 냉철하게 문제를 살피고 가능한 것을 하자는 것이다.

좀 더 단순화시켜 보자. 문제가 없었던 시대도 없다. 비관하지도 말고 낙관하지도 말자. 모든 시대가 문제를 안고 있었고 인간은 그것을 해결하려고 투쟁해 왔다. 그것은 문명화 자체가 변증법적 과정•을 거치고 있기 때문이다. 그것을 나는 인간과 기계(비인간)의 싸움으로 생각한다. 도구와 시스템의 비중이 점차 커지면서 벌어지는 기계화(비인간화) 과정과 그에 맞서 개인의 자유와 자립을 옹호하는 인간화의 노력으로 이해한다. 인간의 도구가 기계화되느냐 인간화되느냐에 따라 지배와 소외가 주어지거나 자유와 조화가 주어진다. 둘의 대립이 인류사에 가장 극적으로 드러난 시점이 있다. 야스퍼스가 말한 인류의 4대 성인들이 나타났던 차축시대(기원전 800년~기원전 200년 전 시작)가 그렇다.

인간적 도구의 발명과 사용, 그리고 그것에 기반한 안정적 자급자족이 확보된 신석기 문명은 고대사회로 불리는데 이미 8000년 전에 구석기에서 발전한 전 지구적 현상으로 나타났다. 지금까지도 세계의 오지엔 위태롭게 신석기적 방식을 유지하고 있는 곳도 있다. 이후 문명의 발상지로 불리는 거대한 강 인근이 먼저 부족 전쟁을 거쳐 제국을 발생시킨다. 신석기 문명의 어느 단계에 도달하자 도처에서 제국들이 등장했다. 그리고 그것은 군대라는 기계 시스템이 청동기라는 무기와 만나면서 더욱 가속된다.

제국은 통치를 위해 부족적 다양성을 통합되어야 할 이질성으로 규정한다. 그런 의미에서 제국의 성격을 규정짓는 것은 물리적 군사력만이 아니라, 가치를 통일하고 축적을 가능케 한 돈이다. 제국의 심장은 도시인데 도시란 정치적 힘을 경제적 힘인 돈으로 전환하여 필요한 것들을 주변에서 충당해 유지된다. 도시의 고급 문화는 기본적으로 자연과 농촌에 대한 착취에서 비롯된다. 돈이 제공하는 풍요와 편리는 문명의 아편이다. 제국의 성격과 성공은 한마디로 돈을 닮았다. 중앙집권적 통일성, 표준화에 의한 통치, 그리고 무한한 확장성이 그것이다. 돈은 제국의 혈관을 도는 피다. 언어와 도량형의 통일 및 도로의 발달은 제국의 혈관에 피가 잘 돌게 하는 기능을 한다. 그런데 문제는 제국 자체가 인간을 기능화하고 통제하는 권력기계라는 것이다. 이와 더불어 숫자로 표현되는 수리적 사고는 돈과 결합하여 세계를 완전히 포섭할 수 있는 언어로서 완벽하게 기능하게 되었다.

지금으로부터 2000~3000년 전인 차축시대는 제국의 도시에서 인간의 타락을 경고하고 각성을 촉구하던 성인들의 활동이 두드러졌던 시기이다. 소위 4대 성인과 종교들이 발생한 시대적 배경엔 상업의 발달과 제국의 탄생이라는 공통점이 존재하고, 그것 때문에 자연과의 균형을 이뤘던 지역공동체, 부족 공동체가 깨지고, 자급자족과 호혜경제에서 나오는 도덕과 신뢰의 상실이 뒤따랐다. 문명의 타락과 위험을 경고하는 수많은 예언자들이 있었다. 그들은 자연과 자급자족으로부터 멀어진 도시와 제국의 멸망을 쉼 없이 경고했다. 그중에 성인들이 있었다. 그리스의 소크라테스나 페르시아의 짜라투스트라, 인도의 자이나, 붓다, 중국의 노자, 공자 등이 그들이다. 그렇다면 우리는 거칠게나마 차축시대를 기준으로 제국 이전의 역사와 제국 이후의 역사로 나눌 수 있지 않겠는가? 이는 구비 전승의 선사시대와 문자 기록의 역사시대 구분이기도 하다.

그리스, 로마, 페르시아, 인도, 중국 등 거대 제국들은 각각 문명권을 형성하며 상호영향을 주고 받으며 발전해 왔다. 한번 나타난 막강한 국가 기계가 주변에 행사하는 폭력은 곧 도미노 현상을 일으키며 곧 순식간에 구대륙을 휩쓸었다. 하지만 지금의 세계 제국은 유럽 문명이 주도권을 쥐면서 발생하게 되었다. 15, 16세기 유럽의 지리적 발견으로 기독교적 상업자본주의가 전 세계를 대상으로 하는 식민주의로 발전하고, 이어 18, 19세기 과학의 발달과 산업혁명으로 상업자본주의는 산업자본주의로 이행하게 된다. 그리고 20세기 말 사회주의가 무너지고 IT산업의 발달로 전자 자본주의가 가능해지고 전 세계가 동시성을 획득하게 되었다. 이것이 제국이 변태하고 업그레이드해 온 방식이다. 일찌기 신석기시대부터 제국이 일어났지만 오늘이야말로 제국은 국가적 울타리를 벗어나 하나의 자율적 세계 시스템으로 통합되는 양상을 보이고 있다. 그리고 전자네트워크로 지구를 학교화하고, 개미의 페르몬 교환처럼 돈과 정보를 소통시켜 인간의 자율적 종속을 마련하여 스스로의 영속성을 확보하고 있다.

우리가 사는 21세기는 이성의 기획으로 대변되는 근대 기획 이후의 사회로, 후기 근대사회(포스트모더니즘)로 불리고 있다. 그러나 자본주의의 영향력이 너무나 압도적이라 세계화된 신자유주의 시대로 규정하는 것이 더 타당할 것이다.

후기 근대사회의 사회적 담론을 형성했던 이들은 포스트모더니스트라고 불리며 현재 들뢰즈(Gilles Deleuzw, 프랑스, 1925-1995)와 가타리(Felix Guattaril, 프랑스, 1930-1992)의 자장 안에서 머물며 네그리(Antonid Negri, 이탈리아, 1933-) 등 이탈리아 자율주의자들과 함께 신자유주의 세계화 문제와 씨름하고 있는 듯하다. 한국 사회의 대학가와 소장학자들 사이에 지배적 담론으로 등장하는 다중, 다중지성, 우정 등은 그런 경향을 나타낸다. 내가 살던 도시인 서울의 경우 구체적으로는 '수유+너머'의 고미숙 · 이진경과, '다중지성의 정원'의 조정환, 그리고 '하자센터'를 이끌었던 조한혜정, 그리고 친구론을 말하는 김영민 등이 보인다. 이들은 자본과 정보가 세계화한 전자 제국시대에 네트워크의 자발적 다중지성을 언급하고 있다. 하지만 이들의 리좀(균사체)이 지구를 들어 올릴 만큼 힘이 센 아르키메데스의 점이 되기는 어려워 보인다. 자율 지성의 다양한 네트워크와 동맹이 제국의 녹이 되어 제국을 변질시키고 싶어 하지만, 존재와 의식의 배반은 심화되고 제국의 속도는 늘 우리를 압도할 것이다. 이즈음에서 문득 '모든 희망을 버리라'는 지옥의 문에 새겨진 말이 생각나기도 한다.

하지만 기계에 대항하며 자연과 자립과 자유를 소중히 여기는 인간화의 노력 또한 지속될 수밖에 없다.

교육

그렇다면, 내외로 우리가 믿을 것은 무엇일까? 없다. 과연 없다. 모든 것을 바꿔야 한다고 생각하면 절망이 앞선다. 하지만 사랑과 희망의 등불을 켜고 내가 변하고 내 주변을 조금씩 구체적으로 바꾸는 일은 해 나갈 수 있다. 교육의 출발은 역시 내 삶과 아이일 것이다. 변화의 방향을 밖에서 안으로 삼는 것이 아니라 철저히 안에서 밖으로 잡아야 한다.

우리는 우리 자신보다 아이를 더 중요하게 생각하니 아이들부터 이야기하겠다. 교육의 중심은 철저히 아이들 하나하나일 것이다. 교육은 일종의 종교다. 우리들은 삶과 아이들을 무한히 믿어야 한다. 잘못된 교육이 인간을 억압하는 타락의 종교라면, 타락의 종교가 되어 버린 교육을 되엎기 위해 종교적 자기극복도 필요하다. 그렇지 않고 교육의 방향전환—'밖에서 안으로'가 아닌 '안에서 밖으로'-은 불가능하다. 천주교에서는 회심이라는 말을 쓰고, 동학에서는 다시개벽이라는 말을 쓴다. 낡은 술을 버리고 새 술을 붓는 일이다. 세계관의 변혁을 의미하기도 하겠지만 나는 보다 근원적인 통찰을 필요로 한다는 점에서 회심(다시개벽)이라는 말을 쓰겠다.

우리에겐 참회가 필요하고 버림이 필요하며, 맡김이 필요하고 사랑이 필요하다. 교육의 방향 전환은 기존 교육에서 실질적 힘을 행사해 온 교사와 부모의 참회와 버림에서 시작되어야 한다. 어제의 나를 버리는 자기 부인이 필요하다. 말과 제국 속에 너무나 확고해진 자신의 정체성 자체가 흔들려야 한다. 자신의 사유를 버리고 존재 그 자체에 직면할 수 있어야 한다. 외로워도 진실에 직면하고 행복할 수 있는 용기가 필요하다. 사유가 아닌 존재 그 자체로서 존재할 수 있어야 한다. 그런 사람이야말로 두려움 없이 아이를 품을 수 있다. 그러기 위해 자신의 무기력—아무것도 할 수 없음—속에서 행복을 느끼는 법도 알아야 한다. 이 황홀한 무력은 입적하신 법정 스님이 말씀하신, 놓음으로써 모든 것을 얻는 무소유의 마음과도 같다. 어떤 현상에도 변하지 않는 평정심, 샘에 물이 차오르듯 거기서 맑은 사랑이 나온다. 그리고 사랑은 결과와 두려움을 모른다. 내 삶을 바꾸고 아이들의 배움을 돕기 위해서는 그런 마음이 필요하다. 여기서 나는 교육의 구체적인 방법에 대해서는 말하지 않겠다. 그것은 각자가 찾아야 한다.

나는 90년대 암으로 사망한 안드레이 타르코프스키 감독의 〈희생〉이라는 영화를 잊지 못한다. 〈희생〉은 시적 영상 속에 3차 대전이라는 인류의 재앙을 막기 위한 인간의 실존적 고뇌와 신화적 고투를 담은 영화다. 영화의 처음 장면엔 주인공 알렉산더가 실어증에 걸린 어린 아들 고센과 말라죽은 나무를 심으며 아들에게 정성스럽게 물을 주면 꽃을 피울 수 있다고 알려 주는 모습이 나온다. 마지막 장면은 어린 고센이 물을 주고 나무 아래 누워 하늘을 올려보며 끝난다. 이것은 실제 난장이 요한 교부로 불린 사막 교부의 일화에서 차용한 에피소드다. 스승의 명령에 순종해 죽은 나무를 땅에 심고 멀리 있는 샘물을 긷기 위해 저녁에 떠나 새벽에 돌아와 물을 주어 결국 3년 뒤 싹이 돋고 열매를 거둔 이야기다. 나는 거기서 타르코프스키의 희망이자 내 희망을 본다. 어른들의 참회와 희생 뒤, 실어증—실어증은 다독의 시대에 의미심장하게 들린다—에 걸린 아이가 우리의 상식과는 전혀 상관없이 행하는 순수한 사랑의 행동으로 무엇보다 강한 가르침을 준 것 같다. 고승의 지팡이에서 싹이 나듯, 죽은 나무를 살려 낼 믿음과 사랑이 필요하다.

알묘조장(揠苗助長)의 교육도 문제지만 줄탁동시(啐啄同時)의 교육도 문제다. 암탉의 단 한 차례 '쪼임(啄)'은 오직 안의 '쪼임(啐)'에 따른 행위이지만, 중요한 것은 길고 긴 시간의 품음이며 기다림일 것이다. 이것을 회임의 교육이라고 해야 할까? 우리는 흔히 안팎의 쪼임에 눈이 멀어, 더 본질적인 사랑인 기다림의 행위를 잊곤 한다. 믿음은 억지로 되는 것이 아니다. 너무나 확실해 의심할 수 없기 때문에 믿는 것이다. 당신은 아이의 행복과 미래에 대해 근원적으로 믿고 있는가? 닭은 알을 품는다. 그냥! 존재 그 자체에 대해, 자연과 생명에 대해 의심하지 않는다. 하지만 우리는 알묘조장도 아닌 제품 생산의 교육에 혈안이 되어 있지 않은가?

참회하고, 절하자. 지식과 시험과 학력 등과 같이 아이들의 생명과 신비에 가하는 일상의 폭력들을 거두고, 아이들을 걱정하기보다 우선 우리 자신을 사랑하고 걱정하자.

진인사대천명(盡人事待天命)이라 하였다. 사람으로서 최선을 다해 노력하고 결과는 하늘에 맡기라는 뜻으로 알고 있다. 하지만 나는 순천명진인사(順天命盡人事)라 말하고 싶다. 먼저 모든 것을 하늘(자연)에 맡기고 그에 따라 옳은 일을 하는 것이다. 하지만 누가 하늘을 보았다 하겠는가? 한 하늘을 가슴에 품은 자가 곧 하늘을 본 사람이다. 꼬마야말로 임금님이 벌거벗었다고 외칠 수 있고, 다윗이야말로 골리앗을 돌팔매로 쓰러뜨린다. 변화는 그날처럼 우리가 전혀 알 수 없는 어느 날 갑자기 시작될지 모른다. 낡은 말과 제국은 그렇게 쓰러질 것이다.

미래에 대한 근심과 두려움을 버리고, 아이의 삶과 자유를 100% 긍정하기 위해서라도, 제국의 노예가 아니라 당신은 우선 당신 자신이 되어야 한다.

오이디푸스사회, 오이디푸스학교

> " 나의 고3 시절은 유난히 어둡고 깊었다. 시험에 대한 중압으로 불안과 노이로제를 느꼈다. 하지만 그때나 지금이나 학교는 근본적으로 달라진 것이 없다. 왕따와 자살 같은 현상들을 보며 사회와 학교의 억압을 더욱더 생각하게 되었다. 이것이야말로 오이디푸스 상황 아닌가? "

교육과 사회

교육은 개인을 종속시키는 사회의 의지다. 하지만 왜 가치중립적으로 들리는 '개인의 사회화'라는 말 대신 '종속'이니 '의지'니 하는 사회역학적인 말을 사용해 교육을 묘사하는가? 그것은 교육이 언제나 개인을 문제 삼고 개인을 묘사하는 데 익숙해, 정작 교육 시스템을 구축하고 그것을 작동하는 동인에 대한 성찰을 간과하거나 포기하기 때문이다. 우리는 교육의 근본문제와 구조적인 문제를 해결하지 않은 채 교실에서의 교수법이나 학생 지도에 매몰된다. 그래서 한강에서 뺨맞고 종로에서 화풀이하는 일이 반복된다. 아이들이 도대체 무슨 죄인가? 우리는 왜 무력한 아이들만 잡고 늘어지는가? 오히려 뺨을 친 자의 손목을 잡고 막아야 하지 않겠는가?

예민한 교사라면 교육의 이중성과 모순 때문에 고민하고 실존적 위기까지 느낄 것이다. 교육 현장에서 교사들은 교육의 불일치와 이중성에 괴로워한다. 그것은 현장에서 아이들을 만나는 교사들이 이해하는 교육의 의미와 사회가 운용하는 교육의 의미가 불일치하고 때론 서로 배반하기 때문이다. 교사는 월급을 받고 사회의 꼭두각시로 학교라는 공연장에서 아이들을 대상으로 공연을 펼친다. 하지만 인간 생명의 존엄한 가능성을 대하는 모종의 사명감으로 각본과는 다른 공연을 펼치고 싶어 한다. 학생을 비인간적으로 사회화하는 것 대신 학교와 사회를 인간화하라는 내적 명령에 시달리기도 한다. 이 시달림에 괴로워하는 교사는 아이들만 바라보고자 하는 눈길을 돌려 사회를 바라보고, 어떤 사회가 어떤 의지를 발휘하고 있는지 되묻기도 한다.

왜 우리는 교육사회학과 사회심리학을 말해야 하는가? 개인과 사회는 역사적 과정을 통해 쉼 없이 변화해 왔고, 변화하고 있다. 가족 단위의 원시사회부터 씨족사회, 부족국가, 고대국가, 동양의 전제국가, 서양의 봉건국가, 자본주의 국가, 사회주의 국가, 전체주의 국가, 제국주의 국가, 신자유주의의 세계 제국 등 점차 복잡하고 거대한 사회 기계가 출현하였다. 각 사회는 또한 구체적으로는 가족, 친척, 학교, 군대, 회사, 동호회, 지역사회 등 더욱 다양한 하위 사회체를 거느리는 복합 구조로 이루어져 있다. 각 사회체는 인간을 그 사회에 적합한 개인으로 적응시키려 노력하고, 항상 더 높은 상위의 사회체에 수렴되는 위계 관계에 놓이게 된다. 사회는 가족의 이름으로, 공동체의 이름으로, 종교의 이름으로, 민족의 이름으로, 국가의 이름으로 그리고 영원한 도덕의 이름으로 개인을 호명하고, 개인은 그것에 응하도록 길들여진다. 자연의 존재인 인간이 사회체를 유지하기 위해 그 사회에 적합한 개인으로 교육받아 '사회적 개인'이 되는 것이다. 사회를 제2의 자연이라고 말할 정도로 사회에 의존하는 인간은 사회성 동물이니 당연한 일이다. 하지만 사회가 너무나 복잡해지면서 사회적 개인들은 사회의 억압에 대해 심한 스트레스에 직면하게 된다.

그래서 우리는 사회 자체를 고민하기 시작했다. 원시공동체의 기본 단위였던 가족의 경우 영아는 성장과 함께 저절로 가족화되었고, 가족은 구성원에 의해서 통제 가능한 인간적 사회였다. 하지만 씨족사회가 생기고 다시 그것이 점차 커지고 복잡화되어 갔다. 사회는 개인과 가족을 넘어 상위 체계로서 군림하며 더 강한 복종을 요구하고, 점차 통제 불가능한 비인간적 시스템 내지 기계가 되었다. 자연적 교육에서 사회적 교육으로 넘어가는 문턱이 가족인 셈이다. 그리고 개인에게 사회의 의지가 적극적으로 발휘되기 시작한 것은 바로 권력의 기관이 만들어지면서부터이다. 도시화와 국가화가 진행되면서 사회적 교육은 더욱 강화되었다. 사회는 하나의 통치 기계로서 거대 시스템을 이룩하게 되고 인간을 압박하는 기관과 장치를 마련하게 되었다. 법과 관료제도, 정치제도, 계급, 군대, 학교, 종교, 세금 등이 나타났다. 국가가 탄생하면서 가족과 지역을 버리고 전체 사회의 부름에 곧바로 응답하는 원자적 개인도 탄생하게 되었다. 문제는 거대사회가 될수록 전체를 통합하는 거대 사회체가 하위 공동체 및 개인을 더 강하게 지배하고 압박하게 되었다는 것이다. 전제 정치와 전체주의가 문화 보편에 스미게 되었다. 기계적 사회질서와 위계가 지닌 권위의 억압을 통해 폭력의 일상화가 이루어졌다. 이에 대해 개인은 사회화 과정에 여러 가지 병리적 증상을 보이며 오이디푸스콤플렉스 상황에 휘말리게 된다. 이것이 오이디푸스 사회의 모습이다. 하지만 사람 안에는 억압적 사회를 거부하고 자유를 회복하고자 하는 근본 욕구가 존재한다. 사회와 개인의 근본적 불일치와 갈등은 역사와 함께 지속되어 왔다. 이에 사회화를 거부하는 개인에 의해 사회를 인간화하려는 노력들도 나타났다. 소부족의 탈주가 있었고, 혁명이 있었다. 소부족의 탈주는 유사 이래 지속되어 온 이질적 계열화일 것이다. 들뢰즈와 가타리가 제기한 안티 오이디푸스와 미시 정치 운동, 그리고 네그리의 다중과 자율주의는 이런 맥락에서 보아야 할 것이다. 지금 우리의 상황이 그렇다.

아무튼 지금은 신자유주의의 세계 제국에 대한 다양한 대응이 진행되어야 하는 시기이다.

교사의 고민도 이런 상황에서 자유로울 수 없다. 1차적으로 이런 현실 사회에 순응하지만, 동시에 거부하고자 하는 모순에 직면하기 때문이다. 교사의 기능은 현실 사회의 의지를 개인에게 관철시키는 것이지만, 교사의 마음은 한편으로 그것을 배반하고 싶다. 이는 현실 사회가 자유와 평등이 보장되고 사랑이 넘치는 정의롭고 인간적인 사회가 아니라, 수많은 권력과 독점에 의해 지배되는 불평등하고 비인간적인 사회이기 때문이다.

신자유주의 시대에 사람들은 이기적 욕망을 채우기 위한 만인 대 만인의 전쟁을 치르는 사회를 살고 있다. 이것이 우리를 더욱 암울하게 하는 요소다. 학생도 일찌감치 만인 대 만인의 전쟁터에 던져졌다. 그들이 살아야 할 사회에 대해 내면화하고 복종하지 않은 상태라면, 살고 싶은 사회와 살아야 할 사회 사이의 딜레마에 빠지고, 어떤 개인도 되지 못한 채 분열과 공황을 체험하게 된다. 현대 교육은 구조적으로 거대하고 막강한 사회와 왜소하고 무력한 개인의 억압 문제를 개인화하여 소외와 분열 외의 방법으로는 해결하지 못하고 있기 때문이다.

사회는 물론 학교가 오이디푸스적 딜레마에 빠져 있는 것이다.

오이디푸스 사회

인간은 사회적 동물이다. 사회를 통해서 진화하였다. 그래서 개인은 대개 사회를 거부하지 못하고 내면화하게 된다. 하지만 사회가 발달하면서 사회는 점차 기관을 운용하고 개인에게 적극적으로 의지를 발휘하는 사회체로서 자리 잡게 되었다. 사회의 지향과 질서를 위반하는 개인에 권위를 행사하며 점차 강제와 지배의 속성을 강화하게 되었다. 동물 중 가장 긴 유년기를 보내며 무력한 기간 동안 절대적으로 사회의 보호를 필요로 하는 유년의 아이들은 사회의 억압을 내면화할 수밖에 없다. 이 때문에 인간은 독특한 심리 체계를 발명하며 사회에 적응하는 개인을 만들게 되었다. 바로 에고와 슈퍼에고의 탄생이다. 이것은 동물 중 가장 심한 스트레스를 견디며 살아가야 하는 인간에게 주어진 형벌이자 동시에 축복인 것이다. 하지만 유년의 억압에서 발생하는 심리적 외상은 사회에도 지속적으로 영향을 미치는 오이디푸스콤플렉스가 되었다. 사회의 발전이 심화되면서 사회적 억압에 의해 인간은 동물 중 가장 강한 리비도 긴장을 유지하며 살아가게 되었다.

프로이트의 슈퍼에고란 바로 사회의 의지가 개인(에고)의 내면에 자리 잡으면서 탄생한다. 무력한 개인은 욕망을 억제하고 사회에 복종하도록 압력을 받고 스트레스를 받으며 콤플렉스 상황에 놓이게 된다. 문명 앞에 본능은 패할 수밖에 없다. 자연적 본능인 이드는 슈퍼에고에 결국 패배하거나 타협해 에고를 발명하고 에고의 길을 열어주지만, 슈퍼에고와 이드 혹은 문명과 자연의 불화는 영원히 가시지 않는 저주가 된다. 프로이트의 이분법으로 보면 자연과 문명의 투쟁 속에서 자연은 패배하여 가면을 쓰고 잔존하거나 사회적 개인 안에 적절히 길들여져야 할 짐승인 셈이다. 그러니 프로이트의 오이디푸스콤플렉스는 남성들만의 문제가 아니라 사회적 개인들로 살아가는 문명인 보편의 문제인 것이다. 문명은 가부장적 구조 속에 수많은 오이디푸스들에 의해 확대되고 오이디푸스적 질환을 양산하며 진행되어 왔다. 거기엔 일종의 폐쇄회로이자 확대 재생산 프로그램인 오이디푸스 삼각형이라는 시스템이 존재한다. 프로이트의 시각에 의하면 문명은 오이디푸스 삼각형에 갇힌 셈이다. 오이디푸스 삼각형 피드백은 장자 세습의 형태를 취하게 되는데, 닫힌 오이디푸스 삼각형이 아버지/아들에 의해 확대 재생산되는 구조이다. 이것이 프로이트의 오이디푸스 삼각형(아버지-어머니-나)이 걸어 놓은 저주이다. 개인은 물론 문명 자체에 관통되고 있다. 그러니 문명 자체를 오이디푸스 남성들의 자기실현 내지 승화물로 봐도 될 정도이다.

하지만 오이디푸스 삼각형에는 우리가 풀어야 할 치명적인 문제가 내포되어 있다. 바로 프로이트가 말년에 집중했던 죽음 본능인

폭력 문제이다. 억압과 폭력. 오이디푸스 삼각형 안에서는 필연적으로 권위에 대한 복종이 발생한다. 우리가 숭배하는 많은 영웅 신화의 주인공을 보라. 그들이야말로 지배를 합리화하고 필요악을 강변하지 않는가? 처음 그들(아들)은 악을 퇴치하며 구원자로 등장하지만 곧 지배자(아버지)로 전화하며 오이디푸스의 길을 반복한다. 그러므로 역사 또한 희랍적 숙명과 비극에 빠지고 말았다. 프로이트는 말년에 2차 대전의 암울한 그늘 속에서『쾌락원칙을 넘어서』와『문명 속의 불안』을 집필한다. 그는 오이디푸스 문명이 결코 폭력과 전쟁에서 벗어날 수 없다며 생명의 쾌락 원칙을 넘어서는 내재적인 죽음 본능을 이야기한다. 한편 라캉은 오이디푸스 삼각형을 통해 현대 사회를 치밀하게 분석하고, 들뢰즈와 가타리는 이를 더욱 밀고 나가『앙티 오이디푸스』에서 현대자본주의 사회의 오이디푸스적 작동 방식과 정신분열을 예리하게 진단한 뒤『천의 고원』을 통해 미시 정치학의 대안으로 그것을 극복하고자 노력한다.

　우리는 결국 우리가 인식한 것을 대상으로 고민하고 극복할 수밖에 없다. 인식하지 못하면 극복할 수도 없다. 그것이 우리가 살아가는 사회를 분석하고 규정해야 하는 이유다. 우리는 스핑크스의 수수께끼보다 더 어려운 오이디푸스의 수수께끼와 저주를 떠안았다. 프로이트가 던진 오이디푸스 삼각형의 닫힌 고리를 열지 못한다면 결코 '문명의 불안'을 통과할 수 없기 때문이다.

인간이 사회적 동물인 이상 무력한 아들은 아버지의 막강한 명령을 거부할 수 없다. 하지만 용납할 수 없는 아버지인 사회가 용납할 수 없는 명령을 내릴 때 우리는 심리적으로 이중 구속의 딜레마에 빠지고 정신분열의 상황에 놓인다. 결국 자기를 소외시키거나 분열하고 자기를 처벌한 뒤, 강자 동일화에 의한 복종과 사도마조히즘적 관계에 휘말린다. 왜 이런 일이 발생하는가? 정신분석학이 발생한 19세기에는 과연 무슨 일이 벌어졌던 것일까? 자본주의가 초래한 극단적 분열은 과연 자본주의만의 것일까? 아니면 문화 일반의 심화된 양상일 뿐일까?

사회심리의 고고학

사회심리의 고고학적 고찰을 통해 우리는 개인의 정신분열 이전에 사회의 정신분열을 만나게 된다. 사회의 정신분열이란 무엇일까? 우선 우리는 인간이 사회적 동물임을 알고 있다. 그리고 사회가 다양한 계열로 발전하고 진화했음을 알고 있다. 여기서 사회를 인간이 우선 사회적 동물이기 때문에 받아들이는 '원사회'와, 원사회에서 다양하게 분화되고 진화된 '후속사회'로 구분할 필요가 있다. 원사회는 비록 추상적 개념이지만 인류 역사의 거의 전 기간 지속되어 온 원시사회의 원형을 이룬다. 유인원 시절과 호모사피엔스 사피엔스의 구석기·신석기 시대를 관통하며 인간은 가족과 씨족을 중심으로 한 사회 내 존재로서 사회의 요구를 내면화하게 되었다. 그래서 사회적 감성이 계발되고 본성의 차원으로까지 깊이 내면화되었는데, 그것은 공감 능력과 동정심에 기반하여 평등과 정의 관념으로 발전하게 되었다. 원사회의 요구는 우리 안에 양심과 도덕의 이름으로 새겨지게 되었다. 그것은 '내가 받기를 원하는 대로 남에게 행하라'는 긍정률과 '내가 받기를 원하지 않는 것을 남에게 행하지 말라'는 부정률로 압축할 수 있다. 하지만 이것은 평등 원리에 대한 다른 진술일 뿐이다. 그리고 여기서 사랑과 평등, 그리고 정의 관념이 탄생한다. 자유는 본래적인 것이다.

이대로만 되었으면 얼마나 좋겠는가? 하지만 사회는 이후 진화하고 점차 역사시대로 돌입하게 되었다. 그리고 오이디푸스 삼각형에 의해 사회가 진화함에 따라 사회적 갈등은 더욱 심화된다. 씨족사회 이후 부족국가와 고대국가로 진입하면서 후속사회는 원사회에서 요구하는 양심과 도덕 대신, 국가나 왕에 대한 충성 내지 종교적 맹신을 요구하게 되었다. 사회를 지배하는 현실 원리는 불행하게도 약육강식의 논리, 힘의 논리였다. 원사회가 선물한 인간의 원리인 평등 원리 대신, 후속사회는 비인간의 원리인 힘의 원리를 따르게 되었다. 그럼으로써 개인의 슈퍼에고는 원사회의 요구인 양심(도덕)과 현실 사회의 요구인 힘에의 복종이라는 이중구속 상황에 빠지게 되었다. 모든 혁명은 원사회적 양심으로 현실사회를 개혁하려는 노력이었다.

그렇다면 18, 19세기 산업자본주의가 탄생하면서 벌어진 일은 무엇인가? 그것은 원사회 원리에 의해 통제되었던 이드의 개방이었다. 프로이트가 성의 이분법으로 19세기 부르주아 사회를 손쉽게 포착할 수 있었던 이유는 바로 이드의 개방기였기 때문이다. 자본주의는 탐욕으로 불리는 개인의 이기적 욕망을 긍정하는 최초의 종교다. 그리고 그것은 돈의 무한 증식을 통해 양심과 도덕 대신 끊임없는 욕망 충족을 위한 약육강식의 경쟁 원리를 사회 원리로 채택하였다. 홉스(Thoms Hobbes, 영국, 1588-1679)가 말한 만인 대 만인의 투쟁 사회는 원시사회가 아니라 바로 자본주의 사회에 의해 비로소 실체를 드러내게 된 것이다. 자본주의 사회가 정신분열 사회인 것은 바로 사회 자체가 원사회를 부정하는 딜레마에 빠지게 함으로써, 인간을 이중 구속에 몰아넣어, 분열하지 않으면 살 수 없게 만들었기 때문이다. 20세기 홀로코스트는 바로 양심(도덕)을 분열 혹은 소외시키고 살 수밖에 없는 개인들이 후속사회의 명령에 완전히 복종한 결과물인 것이다.

사회심리의 고고학적 고찰은 우리의 양심이 항상 위기에 처해 왔음을 알려 준다. 양심은 소외되거나, 분열을 유발하기 일쑤였다. 이것은 원사회의 심리적 지층이 현실적 후속사회의 압력에 의해 유발된 단층과 습곡으로, 슈퍼에고 자체가 이중 명령을 내리면서 분열되어 있기 때문에 발생하는 문제이다. 모순이 공존한다. 자본주의 시대는 이것을 이드 개방에 의해 더욱 심화시켰다. 2차 대전의 홀로코스트를 통해 죽음 본능이 사회적으로 방출하게 된 배경이다.

하지만 세계화한 신자유주의 시대라고 해서 달라진 것은 없다. 오히려 백화점식 상품과 텔레비전의 광고는 콜라주처럼 이질적이고 모순된 것들이 병립하면서 정신분열 자체를 사회적 공기가 되게 하였을 뿐이다. 그리하여 자본주의의 주체는 분열된 채 살아가게 되었다.

한쪽에서는 양심에 따라 사랑을 실천하는 천사처럼 살고, 다른 한쪽에서는 남을 착취하는 냉혈한의 인생을 보내는 것이 모순으로 감지되지 않는다. 왜냐하면 이런 충돌과 다양이야말로 자본주의 사회의 삶의 조건이기 때문이다. 모든 것을 상품화한 자본주의는 분열을 백화점식으로 진열하고 선택할 수 있게까지 만들었다.

현대의 개인(에고)들은 오이디푸스 삼각형의 기본 콤플렉스 위에 슈퍼에고의 분열과 이드의 개방에 의해 극단적인 정신분열의 상황에 처해 있으면서, 끊임없이 원자적 진동을 하며 자리 잡기를 하고 있는 셈이다.

오이디푸스를 넘어

　제정신으로 살기 위해서라도 사회의 정체를 물어야 한다. 하지만 개인이 이미 오이디푸스의 저주에 걸려 오이디푸스로 조건화된 상태에서 오이디푸스 사회를 극복하는 것이 결코 쉬운 일은 아닐 것이다. 그것은 결국 자기분석과 자기치료를 동반해야 하는 피곤한 여정이 될 수도 있다. 하지만 오이디푸스 규칙을 깨고 다른 규칙을 정하면 게임을 하는 것이 완전히 불가능한 것도 아니다. 자기의 눈을 찌르며 자기를 처벌해야 했던 오이디푸스의 저주를 푸는 일은 어쩌면 유사 이래 우리에게서 답변을 기다리는 것인지 모른다. 스핑크스의 기다림처럼.

　해결을 위한 힌트는 문제가 되는 사건 안에 담겨 있는지 모른다. 아들과 결혼해 아들의 누이를 낳은 어머니 이오카스테나, 어머니와 결혼해 누이인 딸을 둔 아들 오이디푸스는 이중 구속에 빠져 분열하고 자기를 처벌해 버린다. 슈퍼에고인 신과 도덕의 명령이 자신들을 용서하지 않는다고 여기고 거기에 자발적으로 복종했기 때문이다. 사람들은 모두 방관자로서 경악하며 자신이 바로 그 불행의 주인공이 되지 않은 것에 안도의 한숨만 내쉰다. 하지만 거기서 정말 필요했던 것은 무엇일까? 도덕도 신도 결국 죽은 아버지와 같은 슈퍼에고의 가면에 지나지 않는 것들이다. 남들이 벌을 내리기 전에 자발적 복종에 의해 자기가 자기에게 벌을 내리는 것이 아니라, 인간의 한계를 받아들이고, 이 모든 것을 용납하고 사랑하며 살 수는 없을까? 그런 반전의 위대한 용기는 불가능한가? 그리하여 신과 죽은 아버지의 명령에 따라 자기를 처벌하는 대신, 어머니이자 아내인 어머니와 아들이자 남편인 아들이 서로 부둥켜안고 울고 위로하며 지상에 있어보지 않은 가족을 실현한다며, 세상의 흔한 드라마에 동의하지 않는 삶을 살아간다면, 숙명의 사슬도 깨어지는 것이 아닌가? 왜 그래서는 안 되는가? 그러면 그럴 수도 있는 것이다. 인간이기에 가능한 것이다. 기꺼이 인간의 이름으로.

우선 우리는 사회를 오이디푸스적 시각으로만 보는 오이디푸스 삼각형을 절대화하는 것과 싸워야 한다. 들뢰즈와 가타리가 했던 노력이다. 오이디푸스적 갈등과 긴장으로만 사회를 바라본다면 그 사회는 필연적으로 파멸의 길을 걸을 수밖에 없다. 날로 거대해지고 강대해지는 아버지를 둔 아들의 운명은 복종과 자기 파멸밖에 없기 때문이다. 그것은 오이디푸스 삼각형이라는 폐쇄회로의 예정된 시나리오다. 우리는 불안의 징후를 여러 곳에서 발견하고 있다. 20세기의 홀로코스트와 각종 전쟁, 원전 사고, 환경오염, 자살자들의 급증 등 곳곳에서 죽음 본능이 위력을 발휘하고 있다. 엄청난 힘으로 개인을 압도해 개인을 비인간이게 하는 현대의 거대 사회체는 이미 개인을 분열케 하고 수많은 정신질환과 죽음을 양산한다. 우리는 깊은 허무와 무의미의 수렁에 빠져 있다. 이미 사회 곳곳에 무력감이 넘친다. 우리가 비인간적 사회를 인간에 의해 조절되는 인간적 사회로 이행시킬 수 없다면, 우리 문명에 남은 길은 오이디푸스적 자기 파멸인 것이다.

모성의 부활

그렇다면 이제 오이디푸스 삼각형 논의에서 소외되었던 어머니를 떠올려 보자. 우리는 계속 아버지와 아들이라는 수직성에 시달려 왔다. 어머니와 아들은 수직성의 관계가 아니다. 내포적이며 수평적인 관계다. 아들은 어머니 안에 있으며 그 안에서 보호를 받고, 어머니는 이성으로서 무의식적 애인이다. 그리고 어머니는 아버지의 애인이다. 즉 내포이며 수평인 것이다. 중앙 집중적 수직 사회 대신, 분산적 수평 사회의 중심은 어머니가 될 것이다.

이성과 결합한 모성이 필요하다. 균형을 잡을 수 있는 모성이야말로 폭력적인 아비 때문에 미친 자식을 위안하고 치유할 수 있기 때문이다. 모성이 지혜로울 때 모성은 개인과 사회를 조화롭고 안정되게 하는 영향력을 행사한다. 그것은 수평적 관계에 스며드는 사랑과 우정을 통해서이다. 부성이 수직적 위계의 명령 관계에 의해 성립한다면, 모성은 수평적 평등의 사랑에 의해 관계를 형성한다. 부성이 긴장된 사회로 힘에 집중한다면, 모성은 느슨한 사회로 안정에 집중한다. 적절한 부성은 그 힘을 기예에 집중하고 대외적 방어로 활용하지만, 부적절한 부성은 그 힘을 통치와 약탈에 활용한다. 비인간적 사회에 의한 오이디푸스콤플렉스는 힘의 지배와 복종을 형성해 왔다. 그리고 부적절한 부성에 의해 사회가 움직이기 시작했을 때 역사와 문명은 거대한 질환을 앓기 시작했다. 한편 적절한 모성은 삶을 풍요롭고 충만하게 하지만, 부적절한 모성은 질투와 허영을 부추기기도 한다. 우리가 모성을 요청하는 이유는 바로 오이디푸스콤플렉스를 유발하는 지배와 복종 관계를 끊기 위해서임을 명심하자.

모성에 대한 관심은 자연스럽게 융(Carl Gustar Jung, 스위스, 1875-1961)의 원형무의식과 크로포트킨(Pierre Kropotkine, 러시아, 1842-1921)의 상호부조론에서 해답을 발견할 수 있을 것 같다. 융의 자연(무의식)은 모성적이어서 아니마를 통한 조화를 지향하게 한다. 그것은 이성에 의존하는 것이 아니라 자기 내면의 이성을 회복하여 완전해지고 조화로워지는 것이다. 그런 면에서 융은 종교를 긍정하고 양심과 무의식 등 내적 목소리에 귀를 기울인다. 어머니는 융에게서 남성 여성을 넘어 모두를 아우르는 지모신의 역할을 한다. 상호부조론으로 알려진 크로포트킨의 자율과 연합도 우애의 원리로서 중앙집권화하고 전체화한 사회의 긴장을 수평적으로 대체해 나갈 것을 제안한다. 불교의 화엄경에 나오는 인드라망의 아름다움을 생각해 보라. 기독교의 이웃사랑도 좋은 참조가 될 것이다. 이들은 모두 부성적 지배의 명령 대신 모성적 사랑의 이행을 따르고 있다. 결국 문명의 오이디푸스적 질환을 자연과 내면의 모성을 모색하면서, 치유하며 새로운 길을 찾아나가자는 것이다.

오이디푸스의 저주와 수수께끼는 아버지와 아들 사이에 수직으로 작용하는 억압과 복종 관계를 파괴하며 풀리기 시작할 것이다.

오이디푸스 학교

위에서 우리는 가정은 물론 사회에서도 오이디푸스 삼각형이 충실하게 작동하고 있음을 살펴보았다. 그렇다면 학교는 어떨까? 오이디푸스 사회에서는 학교도 당연히 오이디푸스 학교일 수밖에 없다. 왜냐하면 학교 자체가 사회의 의지를 개인에게 관철시키는 기관이기 때문이다. 우리는 학교 안에서 여러 층위의 신경증과 정신분열을 경험한다. 하지만 학교라는 기관 자체가 국가의 법에 의해 지지되는 흔들림 없는 위계를 형성하고 있기 때문에, 억압에 의해 정신분열과 신경증은 잠복하게 된다. 불안이 더욱 깊이 스며들게 되고, 학교는 보수적 기능을 충실하게 수행하게 된다. 학교는 사회의 하위 기관으로서 오이디푸스 삼각형을 재생산하게 된다. 사회와 교사, 그리고 교사와 학생, 제도와 학생 사이에도 오이디푸스 구조는 쉼 없이 반복된다.

우선 교사와 사회의 관계를 보자. 이것은 맨 처음 '교육과 사회'에서 언급한 바 있다. 교사는 사회에 복종하고 사회와 일체가 되어 사회의 대리자 역할을 해야 하지만 한편으로는 원사회의 내적 요구인 양심이 이것에 배치되는 생각을 하고 행동을 하도록 충동한다. 그런 점에서 교사는 이중 구속 상황에 놓여 있고, 분열의 위기를 안게 된다. 즉 자기의 인격 일부를 분리해 한편으로는 사회의 대리자로서 기계 역할에 충실하고, 다른 한편으로는 인간애에 충실한 도덕의 전형이 되기도 한다. 하지만 교사는 항상 말과 행동의 이율배반 위험을 안고 내적 갈등과 스트레스 상황에 직면하게 된다. 이것이 교사의 직업병인데 바로 암의 요소다. 하지만 교사는 사회적 지지를 받고 역할과 정체성이 뚜렷한 편이다. 한편 학생은 교사의 이중성을 전이받아 다시 여기에 구속된다. 교사 안에 이미 두 개의 슈퍼에고 명령이 울려 퍼지고 있다. 부모도 마찬가지다. 학생은 두 명령에 갇혀 어떤 길도 선택하지 못하고 판단을 유보하고 지켜보기로 작정한다. 그러며 점차 자신을 소외시켜 나간다.

교사의 이중 구속은 자연스럽게 학생의 이중 구속으로 옮겨 간다. 하지만 겹으로 교사와 학생은 순수한 오이디푸스 관계인 아버지 - 아들의 관계를 반복한다. 우리의 오랜 전통엔 군사부일체라는 말이 있다. 임금과 스승과 아버지가 하나라는 말이다. 동양의 가부장적 유교 이데올로기 자체가 오이디푸스 삼각형을 완벽히 구현한다. 아무튼 학생은 아버지와의 관계처럼 원초적으로 교사와 권위 관계에 놓이며 억압 아래 복종을 요구받고 애증의 양가감정을 느낀다. 아버지처럼 교사의 권위를 인정하고 동일시를 통해 내면화하면서, 증오 감정을 가지는 자신에 대해 죄책감을 갖고 자기를 억압하고 부인하게 된다. 교사는 아버지처럼 절대적으로 사회를 대표한다. 그에게는 비록 분열적인 상태일지라도 원사회와 후속사회의 목소리가 모두 담겨 있다. 더구나 그의 지식은 진리로 대우받으면서 그 절대적 진리를 학생은 습득하고 평가받아야 한다. 이를 통해 학생은 대상화되는 데 익숙해지고 점차 평가를 내면화하면서 지속적으로 억압과 검열 상태에 노출된다. 따라서 교육과정은 아버지와 아들의 관계보다 더 철저히 오이디푸스콤플렉스를 유발하고, 자기를 부인한 채 권위에 복종하는 학생들을 만들게 된다. 평가라는 제도적 뒷받침으로 인해 소위 바보 만들기의 효과는 극대화된다. 자기억압의 상황 속에서 불안과 신경증이 유포되고, 학생의 자기소외가 약자에게 전이되어 왕따현상이 발생한다. 왕따라는 희생양을 통해 학생들은 억압을 해소하고자 한다.

교사는 전 시대 교회의 목사 역할을 한다. 교사의 종교는 학문이고 지식이다. 교사는 복음처럼 각종 학문을 전파하는 사명을 부여받았다. 학문의 내용은 자연과학과 자본주의, 그리고 민주주의를 근간으로 하는 근대의 성과물들이다. 그는 교실에서 설교하고 평가에서 떨어지는 사람은 도태된다고 저주하고 위협한다. 믿으면 천국 가고 안 믿으면 지옥 간다는 논리처럼, 천국을 보장하는 성공을 위해 학생은 평가에서 좋은 점수를 받아야 한다. 그의 교회는 학교이고 그의 설교대는 교단이다. 그리고 국가와 테크노크라트는 교사의 권위를 보증한다. 학생은 교사를 통해 지식을 습득하는 것 같지만 사실은 지식의 권위에 대한 복종을 내면화할 뿐이다. 지배는 평가를 통한 상급 학교 진학 과정으로 완성된다. 학생은 정답과 오답의 세계에 갇혀 전문 지식인 정답의 세계에 있어야 한다. 그것을 배우지 못하면 오답의 세계에서 삶이 몰락할 것을 예감한다. 결국 그는 지식을 절대화하고 더욱 더 전문가 집단에게 맹종하게 된다.

하지만 이러한 복종과 더불어 학교에서 더욱 성공하고 있는 것은 바로 감시일 것이다. 절대진리를 설파하는 학교의 억압과 강제를 내면화하면서 학생은 내부에 감시자(검열자)를 받아들이게 된다. 참을성(인내)이야말로 학교의 미덕이 아닌가? 자기 억압과 검열로 실현되는 감시의 내면화는 학교의 또 다른 성과물이다. 이제 학생은 사회로부터의 이탈을 스스로 허용할 수 없다. 남은 것은 오직 현실 사회에 복종하고 남들과 달라지지 않는 길이다. 교사의 평가는 물론 각종 학문의 지식을 전파하기 위한 커리큘럼과 시간표야말로 학생을 길들이는 감옥이다. 이를 통해 학생은 내면에 간수와 죄수를 갖게 된다. 이런 내면화를 통해 학교는 감시와 처벌 사회를 완성하고, 지배는 실현된다. 전체주의 사회의 기획이 완성되는 것이다.

우리는 이제 모두 선수들이다. 외부에 맞춰 생활하며 자신의 욕구와 감각을 소외시킨다. 그래서 배울수록 자기에 대해 무능하고 몰이해하며 냉담하다. 왜냐하면 그는 학창 시절에 너무나 그런 생활에 익숙해졌기 때문이다. 자기의 진정한 욕구에 귀를 기울이지 말 것, 오직 외부의 경쟁자와 나란히 갈 것, 이것이야말로 같은 연령의 아이들을 모아 두는 진정한 의도가 아닌가? 자기 욕구는 무한히 유보되고 오로지 경쟁에서 살아남기 위한 경쟁에 몰입해야만 하는 것이다. 경쟁은 친구에 대해 묘한 애증과 죄책감을 유발하며 또 다른 콤플렉스로 이어진다.

비판과 대안

학생이 이토록 속수무책일 수밖에 없는 이유는 교육제도의 비인간적인 힘이 너무나 막강하기 때문이다. 애초 그것은 거부의 대상이 될 수 없었다. 꽉 짜인 커리큘럼에 의한 권위적 지식 교육과 각종 평가와 시험제도의 위력은, 이미 복종을 내면화했으므로 평가에 의한 서열화도 당연한 것으로 만들고, 그것의 거부는 곧 현실적 삶을 포기하는 것으로 간주된다. 다른 선택의 길이 없다. 그래서 학교는 예민한 영혼들에겐 인간에 대한 모독이며 고통이 된다. 군대처럼 지독한 통과의례가 되어 버리고 만다. 결국 비인간적 교육제도 자체가 학생이 마주하는 사회의 실체 없는 실체인 셈이다. 애초에 왜 이렇게 됐는지는 이미 잊혀졌다. 그냥 이 시스템에 던져졌으므로 무한히 쳇바퀴 속을 질주하다가 튕겨 나가면 되는 것이다. 그러나 그것의 결과는 무엇일까? 바로 핑크 플로이드(Pink Floyd)의 영화 '벽'(The Wall, 1982년)처럼 학교라는 벽돌 공장의 컨베이어 벨트 위에 바보가 되어 비인간의 인간이 되어, 사회의 먹이이자 상품으로 던져지는 것이 아닌가? 학교는 자주와 자율을 소중히 여기고 강조하지만, 사실 지배와 복종을 내면화하도록 강요하는 것이 아닌가? 교사가 전파하는 지식과 지식의 평가는 가장 훌륭한 무기로서 자신에 대한 참된 지식을 빼앗아가게 된다. 우리는 학교에서는 만나지 못하지만 지식의 헤게모니를 쥔 지식 전문가 집단의 명령을 기다리는 노예들이 되어 버린다. 자 그들이 기다린다.

이 무슨 오이디푸스 저주란 말인가? 문명과 학교는 오이디푸스 삼각형의 피드백에 갇히고 말았다. 그리고 이런 과정 속에서 우리는 지배와 복종을 내면화하며 전체주의의 토대를 마련하게 된다. 학교를 통해 무력해진 개인들은 자발적 복종에 의해 비인간이 되어 기꺼이 전쟁 기계가 될 수 있는 것이다. 전체주의 사회야말로 역설적으로 학교를 필요로 했다는 것을 기억할 필요가 있다. 물론 현대의 전체주의는 과거와는 다른 모습일 것이다. 우리가 예감하는 디스토피아적 미래는 오이디푸스 사회와 오이디푸스 학교에서 이미 예정된 미래였던 것이다.

그렇다면 위계 구조를 통해 관철되는 권위 복종 문제를 어떻게 극복할 수 있을까? 어떻게 하면 원사회적 욕구에 부응하여 교육의 원기능을 회복할 수 있을까? 그것은 수직적 관계를 해체하고 수평적 관계를 이루면서 가능해진다. 수평적 관계는 절대적인 것을 쉽게 허물 수 있다. 지식을 종교처럼 절대화하기보다는 상대화하며 다양성을 수용하고 상호 비판을 허용할 수 있어야 한다. 물론 평가는 불필요한 것이다. 교육에서 중요한 것은 서로의 진실에 귀를 기울이는 일이지 객관적 지식에 의해 판단하는 일이 아니다. 평가만큼 복종을 내면화하는 데 효과적인 기술이 없다. 평가보다 상호 이해가 먼저이고 궁극의 목표이다. 자유와 존중은 점수화하고 서열화하는 객관적 평가라는 말을 허용하지 않는다. 평가야말로 비인간화 절차의 시작이자 끝이기 때문이다. 수직적 위계가 사라지고 평가가 사라진다면 교육은 이제 수평적 배움의 공동체가 되고, 지식은 지배와 독점을 위해서 기능하기보다 해방과 나눔을 위해 기능하기 시작할 것이다.

우리가 받아들여야 할 것은 원사회의 슈퍼에고일 뿐이다. 바로 양심과 도덕의 황금률인 '내가 받기를 원하지 않는 것을 남에게 하지 않고, 내가 받기를 원하는 것을 남에게 행하'는 원리이다. 이것은 나와 남이 평등할 것을 요구하고, 지배와 복종을 거부하게 하며, 사랑과 정의가 실현되기를 원한다. 이러한 원리 위에서 자유로운 개인들에 의한 수평적 연합은 오이디푸스 삼각형의 저주를 깨고 점차 모성 사회를 실현해 나갈 것이다.

하지만 후속사회의 힘은 막강하고 공격적이다. 자유로운 개인이 오이디푸스 사회에 맞서는 것은 애초 게임이 되지 않는다. 오직 편입되지 않기 위해 탈주하고 무시하고 우회하며 자신의 영역을 확보해 나가야 한다. 철저히 주체화하고 의식화하지 않으면 어느새 오이디푸스 삼각형의 올가미에 발목이 잡히고 오이디푸스 사회의 노예로 작동하기 때문이다.

미래를 위하여

우리의 교육 현실은 가히 오이디푸스 사회가 구축한 오이디푸스 교육이라고 말할 수 있을 것이다. 나는 우리가 왜 제도의 논리를 되뇌며 낡은 제도에 집착하는지 모르겠다. 역사적으로 보아도 그것은 이미 근대국가가 자리 잡으면서 실효가 끝난 제도가 아닌가?

한 가지 더욱 달라진 현실은 사회 자체가 교육기관이 되어, 학교가 사회 환경 속에 융해되었다는 것이다. 신자유주의 시대 전자 매체 환경 자체가 제도의 교육보다 더 강력하게 메시지를 보내며 개인을 호명하고 있다. 이제 거리에서 누구도 서로를 쳐다보지 않는다. 개인은 무장해제된 채 오직 단말기에 몰입할 뿐이다. 가히 국가 대신 자본이 헤게모니를 장악하고 지식 전문가들을 조정하면서 근대 국가의 학교제도를 비웃고 있다. 사회만큼이나 교육의 환경과 수단도 혁명적으로 바뀌고 있다. 과연 신자유주의 절대사회의 직접호명으로부터 개인은 얼마나 자유로울 수 있을까? 자연을 대체한 인공 도시처럼, 원사회의 명령을 갈아치우고 이드와 결합한 후속사회의 절대명령—그것은 유혹이기도 한데—에 대해 우리는 어떤 답변들을 하고 있는가? 새롭게 분석하고 새롭게 대처해 나가야 한다.

자본의 세계화와 더불어 진행된 교육의 세계화 또한 오이디푸스의 저주로부터 자유로울 수 없는 것은 당연한 일이다. 문명의 불안은 더욱 증폭되어 지속되고 있다. 어쨌든 자본도 국가와 더불어 지배와 복종에 의한 정신분열과 폭력이라는 오이디푸스 삼각형을 여전히 반복하고 있기 때문이다.

병의 치유는 진단에서 나온다. 사회와 교육과 개인의 질환을 치유하기 위해서는 병인을 찾고 맥락을 살펴보고 대처하는 일부터 시작해야 한다.

그리고 이때 떠올렸던 것이 모성이다. 모성은 차별하지 않는다. 필요한 것을 주는 마음인 사랑을 이성과 권력에 대항한 포괄적 원리로 확장할 필요가 있다. 아니마는 아직 태동하지 않고 있으나 언제나 우리 생활 깊이 살아 있다. 근대교육의 아버지인 코메니우스와 페스탈로찌조차 사랑의 학교를 만드는 데 성공할 수 없었다. 그들 자신이 오이디포스 삼각형을 극복할 수 없었기 때문이기도 하다. 하지만 그들은 원사회의 명령을 확고히 붙잡은 교육가들이었다. 아이에 대한 모성적 사랑 안에 교육의 생명이 있음을 상기시켰다. 그리고 이것이야말로 우리가 언제나 붙잡아야 할 촛불이 아닌가? 여기서 우리는 다시 출발해야 한다. 우리가 요청하는 모성에 대해서는 오이디푸스 사회에서 이미 언급했으므로 더 이상 언급하지 않겠다.

반교육은 이제 개인을 종속시키는 사회와 얼굴을 마주 대한다. 내가 동의하지 않는다면 나는 그 사회와 그 사회의 권력을 거부할 수 있다. 내게는 내 삶이 있다. 자연의 자기실현 원리로서 사랑과 조화가 있다. 개인과 공동체도 쉼 없이 교섭하는 상호성에 의해 지탱되는 생명 관계여야 한다. 인간적인 너무나 인간적인 사회를 위하여 지배와 복종 관계를 거부하자. 이것이 바로 반교육의 시작이다.

오이디푸스의 저주는 이미 풀렸다. 그러니 두려움을 버리자.

오이디푸스여! 왕은 이미 죽었다. 왕국을 버리고 떠나라. 다시 처음처럼 심호흡을 하고 천천히 너의 여행을 시작하는 것이다.

잉여사회, 잉여학교,
그리고 스콜레

> ❝ 아이들 사이에서 잉여라는 말이 자조 섞인 유행어가 되어버렸다. 대학생이
> 나 중고등학생이나 마찬가지다. 자신을 스스로 잉여라 부르는 아이들을 보
> 며, 절망 대신 희망을 이야기 하고 싶었다. ❞

잉여사회

21세기 자본주의 사회에서 잉여인간이란 생산에 참여하지 못하는
사람을 의미한다. 잉여는 '필요 이상이어서 남는'의 의미에서 '쓸모
없는, 버려진, 배제된, 없어도 되는'의 뉘앙스를 풍기다가 곧 '쓰레기'
로 전치되어 사용되고 있다. 심각한 문제는 잉여의 보편화인데, 잉
여의 위협이 일상화되어 고용된 자도 고용에서 배제된 자와 마찬가
지로 생존의 불안을 안고 살아가게 된다는 점이다. 이는 자본과 노
동의 관계가 근본적으로 평등의 관계가 아니라 지배 관계이고, 노동
자의 생존권이 자신에게 있지 않은 데 기인한다. 노동자는 능동적인
삶의 주인이 아니라 자본가에게 고용되고 상품을 소비하는 대상으

로서 수동적으로 살아가게 된다. 불안과 소외의 보편화가 노동시장의 어쩔 수 없는 귀결이며, 그 안에서 인간은 분열과 무의미에 시달린다.

하지만 도처에서 우리가 단순한 잉여의 단계를 넘어서는 징후가 나타나고 있다. 우리는 이미 근대화가 시작된 일제시대와 개발독재기에 잉여를 소재로 한 소설들을 만나고 있었다. 「날개」, 「레디메이드 인생」, 「잉여인간」 같은 소설들만 떠올려도 잉여는 소시민과 룸펜을 아우르는 광범한 계급 현상으로 나타나고 있었다. 그것은 자본주의의 발생과 병존한 현상이었다. 그런데 우리 사회는 90년대 후반 신자유주의에 의한 구조조정 이후 잉여사회에서 자살사회로 이행하는 징후를 드러내고 있다. 자살은 이제 학교와 공장, 농촌과 도시, 아이와 노인, 무명인과 유명인을 떠나 폭넓게 선택되고 있다. 이것은 신자유주의로 본격적으로 돌입하면서 인간의 잉여 현상이 더욱 가속화되고 극단화되면서 함께 나타난 현상이다.

자본의 생리는 효율성을 높이기 위해 자동화(기계화) 과정을 거치게 된다. 시장의 태생적 경쟁 구조가 끊임없이 혁신을 요구하기 때문이다. 인간은 생산 기계의 혁신 속도를 따라갈 수 없어 도태되거나 불필요해지는 상황에 처하게 된다. 이미 인간이 비인간적인 일에 의해 기계의 부속 상태로 전락했기 때문에 유효기간이 지났거나 불필요해진 것이다. 멜서스(Malthus, Thomas Robert, 영국, 1766-1834)가 『인구론』에서 한 인구의 기하급수적 증가와 생산의 산술급수적 증가로 발생하는 인구 위기의 예언처럼—하지만 인구의 정점에서 증가가 정체되거나 인구가 감소하는 국가들이 생기면서 그의 예상은 빗나가게 되었다. 기계의 기하급수적 혁신과 대치를 부속이 된 노동자 개개인은 적용하고 따라갈 수 없다. 이것은 통제받지 않는 자유주의가 심화되면 밟게 되는 과정이다. 한편 신자유주의 시대 기업이 받는 혁신의 속도와 압력은 더욱 높아지고 있다. 노이로제와 정신분열이 사회적으로 만연하게 된다. 자본은 당연히 주기적 정리해고나 공장 이전 등의 손쉬운 방법으로 갱신과 재적응을 하려 하고, 노동자가 가진 잉여의 불안은 더욱 심화되게 된다. 과거에는 사회적 안전망과 노조 활동이 견제 구실을 했으나 신자유주의 체제하에서는 이 모든 것이 무력하다. 결국 퇴임 연령의 단축과 자영업 전환 등 다양한 고육지책으로 그 충격을 눅여 보려 하지만, 잉여에 던져진 삶의 공황 상태를 해결해 주지는 못한다.

도처에 잉여인간들이 넘친다. 자동화에 따라 낡은 부속품이 되어 버려진 해고자들, 퇴직자들 그리고 애초에 필요 없는 산업예비군들, 그들은 잠재적 위험군이 된다. 그들의 불안과 절망, 그리고 무의미의 형벌은 죽음에 이르는 병처럼 스멀스멀 사회로 번진다. 그리고 우리는 사회적 내파 현상으로 하나둘 퍼져 가는 자살현상을 접하게 된다. 특히나 한국 사회는 노동 강도가 세계 최고 수준이다. 일중독

환자 되기를 강요해 일 외엔 아무것도 없는, 일이 삶의 전부인 사람들이 넘친다. 그들에게 잉여란 무엇이겠는가? 일의 끝은 삶의 끝이고, 삶에 대한 사망선고인 것이다.

자살사회는 이렇게 시작되었다. 우리는 잉여에서 자살로 왔던 것이다.

북한 말로 '일 없습니다'라는 말은 '괜찮다'는 뜻이지만, 남한 사회에서 '일 없습니다'는 정말 '심각하게 문제 있다'는 말이 되었다. '일이 많다'는 게 오히려 축복이며 부러움이고, '일 많이 하라'는 게 덕담인 사회다. 이미 '큰일 난' 사회다. 일이 삶이고, 직업을 통해서만 자아실현을 하는 사회는 이미 뒤집힌 사회다.

잉여학교

극단적으로 말해 학교도 사회적 잉여를 생산하고 있다.

학교는 자아실현을 직업 강박으로 대치한 채, 학생의 삶을 소외와 만성적 유예 상태로 귀착시키고, 소비하기 위해 노동하는 욕구불만의 객체들을 양산하고 있는 것이 아닌가? 이것이 최소 6+6의 시스템을 겪은 고급 인력들이 처한 무력감의 원인일 것이다.

학교가 가르친 것은 단순히 객관적인 지식이 아니다. 왜냐하면 모든 선택된 지식은 민족국가와 자본주의 이데올로기 안에서 생활과 관련 없는 전문가들에 의해 구성된 내용물로서 그 자체가 지식주의의 구현물이며, 그것을 주입하고 평가함으로써 경쟁과 독점의 원리를 내면화하고 복종하게 만들기 때문이다. 학교의 꽉 짜인 시간표와 진도는 학생이 자기 감각을 키우거나 집중하는 것을 방해하고 규율에 의해 자신의 참된 욕구를 억제하고 배제하여, 산만하고 말초적인 무능력자를 만들게 된다. 명분과 실제의 차이, 목적과 수단의 이율배반이야말로 학교의 진짜 모습이다.

학교는 성공했다. 학생을 지속적으로 서열화해 보존하고, 상급학교 진학의 유예 상태로 고착시키며, 시스템에 복종하고 소비노동자로 만들었기 때문이다. 학교를 졸업한 산업예비군은 자본의 뿌리이자 열매인 잉여가 되었다. 하지만 아이러니하게도 모든 잉여는 여가를 낳는다. 지배자가 가로챈 잉여든 내몰린 자가 처한 잉여든 여가를 낳는다. 그리고 여가는 새로운 기회를 내포하고 전복의 도구로 활용될 수 있다. 이 점을 착안해 학교를 잉여―여가의 시각에서 다시 살펴보자.

학교는 영어로 '스쿨(school)'이라고 한다. 이 말의 어원은 라틴어 '스콜라(schola)'에 유래하고, '스콜라'는 '학교, 학자, 학파'라는 의미로, 중세에 운영되었던 신학 중심의 학교를 가리킨다. 여기서 탄생한 철학이 바로 스콜라 철학이며, 우리나라로 치면 서원과 비슷할 것이다. 하지만 '스콜레'는 '여유'라는 뜻이 있는데, 고대 그리스에서 여유 있는 시민들이 자유롭게 지식을 토론하고 배웠던 데에서 유래한다. 그들은 생산에 참여하지 않는 지배계급으로 잉여적 존재였다. 그들이 가진 시민적 특권과 자유는 노예가 생산한 잉여에서 발생한 여가였던 것이다. 학교도 철학의 전수도 실로 잉여가 낳은 여가를 필요로 했다. 거기엔 흥미와 자발성의 요소가 있다. 그 점에서 교육의 더할 나위 없는 조건이 여가에 구비된다. 여가를 소비와 향락의 시간으로 탕진하기는 그때나 지금이나 마찬가지일 것이다. 하지만 현대인의 여가는 노동에 의해, 뒤틀리고, 자본에 의해 창출된 한없는 욕망을 채우기 위한 강박적 소비 활동으로 변질되었다. 물론 여가를 배움과 나눔의 시간으로 활용하는 사람들도 여전히 있다. 하지만 고대에는 지식이 더욱더 지배자의 전유물이었기 때문에 기득권을 유지하고 지배 문화에 합류하기 위해서라도 자신을 차별화하는 교양의 습득이 필요했다. 즉 학교는 고대로부터 지식과 문화의 전수라는 이상과 더불어, 지배에 매우 쓸모 있는 공간이었던 것이다.

이런 태생을 가진 학교(school)가 초등부터 고등으로 이어지는 일련의 커리큘럼으로 정비된 근대학교(modern school)로 거듭나는 것은 18세기 독일 프로이센에서였다. 프로이센은 국가 통일과 국력 신장의 일환으로 지배자가 아닌 피지배자를 대상으로 한 국민교육 정책을 펴며, 최초로 군대식 공교육 프로그램을 만들게 되었다. 이후 학교는 곧 국가주의를 실현하는 가장 빠른 길이 되었다. 그것이 나폴

레옹전쟁으로 촉발된 민족국가의 등장과 더불어 다른 나라에 보급된 것이다. 이제 학교는 여유 있는 자들이 지배자의 교양을 쌓기 위해 가는 곳이 아니다. 어린이들과 청소년들이 국민과 미래의 노동자가 되기 위해 당장의 삶을 유예시키며 가는 곳이 되었다. 과연 국민교육의 프로그램이 평등에 기여했는지, 아니면 불평등에 대한 알리바이가 된 것인지 그것은 따져볼 일이다. 과연 민족국가와 지식주의의 틀에 갇힌 교육이 인간 보편에 대한 이해와 화합에 기여했는지, 아니면 민족과 국가 간의 분규와 전쟁에 기여했는지는 깊이 따져볼 일이다. 과연 국가와 학교의 기획이 아이들을 주체적 민주 시민으로 길렀을까? 아니면 대중의 무능한 개인들을 주조한 것일까?

아무튼 프로이센이 창안한 학교는 근대화의 가장 중요한 수단으로 국가 주도의 민족국가들에 전파된다. 미국과 일본도 프로이센의 교육 시스템을 수입하고, 한국은 다시 이를 미국과 일본을 통해 받아들이게 되었다. 근대학교는 민족국가의 필요에 의해 위에서 아래로 조직되고 동원되었던 것이다. 그런 만큼 자율과 개성보다 관리와 표준화가 지배적인 원리가 되었다. 물론 학교는 이제 중세의 스콜라(학교, 학파)는 물론 고대의 스콜레(여가)와도 관련 없는 곳이 되었다. 그것이 스쿨(학교)인 것이다.

우리 아이들은 정말 어른들처럼 여유가 없다. 자발성과 흥미가 자랄 여가가 없다는 것은 슬픈 일이다. 대신 아이들은 오직 잉여가 되지 않기 위해 편협한 이데올로기와 지식의 주입식 교육을 견디며 학교에 무장해제된 채 앉아 있다. 학교는 전인을 기르는 곳이 아니라 전문가라는 환상 속에 기능인, 부분인, 의존인을 기르고 있다. 학교를 나오면 무엇 하나 제대로 할 줄 모른다. 너무나 경험에서 소외된 채 오랫동안 대상화되었기 때문에 자신감도 없다. 졸업과 더불어 잉여가 된 느낌이다. 그래서 학교를 나와 제일 먼저 해야 할 일은 학교를 잊고 자신을 되찾기 위해 몸부림치는 일이다. 학교에 너무 많은 것을 지불했다. 하지만 다시 시작해야 한다.

스콜레

나는 역설적으로 잉여야말로 교육의 변곡점이 될 수 있다고 생각한다. 이제 비로소 학교로부터 놓여나 여유를 갖게 된 것이다. 교육의 주체를 회복하고 의지를 발휘해 분열을 치유하고 통합할 기회가 도래한 것이다. 그러니 이왕 잉여가 될 바에야 철저하게 잉여가 되어 이 기회를 놓치지 말아야 한다. 잉여를 벗어나려는 강박이야말로 참된 자기와 자신의 삶을 위협하는 압박이다.

나는 학교라는 말 대신 전통적인 사교육 기관인 서원(書院)이나 서당(書堂)이라는 말에 더 매력을 느낀다. 물론 책을 좋아하는 탓도 있지만, 서원과 서당이 국가에 대립해 자발적으로 만든 교육기관이기 때문이다. 서원과 서당도 당대의 지배 이데올로기에서 완전히 자유로울 수는 없었지만, 서원은 과거시험만을 목표로 하지 않고 나름 좋게 보자면 학파를 형성하고 탐구하는 공간이 되기도 했고, 서당은 글방으로 불리는 데서 알 수 있듯이 기초적인 글을 읽고 배우는 것을 근간으로 삶의 내용을 담아 가르쳤다. 하지만 중요한 것은 서원과 서당이 학교만이 아니라 도서관의 기능을 갖고 있었다는 점이다. 아니 오히려 도서관의 기능이 더 중요하고 학교를 그 안의 프로그램 정도로 활용하는 전복적 기능으로 전화할 가능성이 다분히 있었다는 것이다.

이제 나는 학교를 대신할 자율 공간으로서의 도서관을 말하고자 한다. 책은 사람을 가리지 않는다. 부담스럽게 대답을 강요하는 질문도 하지 않는다. 좋으면 읽고 아니면 말면 그만이다. 책은 글을 통해 일방적으로 독자에게 읽히는 것 같지만, 사실 책은 독자가 더 주도적이다. 작가가 책을 썼지만 읽는 독자가 책의 주인이다. 필요한 부분만 읽고 놓든지, 소리 내서 읽든지, 심심풀이로 읽든지, 감동받기 위해 읽든지, 알기 위해 읽든지, 느리게 하루 천천히 곱씹고 음미하며 읽든지, 빨리 읽어 치우든지, 아예 완전히 외도록 수백 번 읽든지 그건 독자의 마음대로다. 독자는 책을 통해 다른 책을 읽기도 하고, 책의 내용을 남들과 토론하기도 하고, 책을 읽고 나서 자기 생각을 정리하기도 한다. 난이도와 속도도 자기가 조절할 수 있으니 철저히 자생적이고 주체적인 교육이 이루어진다. 각자 자기에 맞는 교육과정을 가질 수 있다. 하지만 여유가 있어야 한다.

너무 개인적이고 내면적이라고 걱정하는가? 그러나 그렇게 생각하면 책 읽기를 중단하고 밖으로 나가면 된다. 지겹게 뛰어놀거나 기타를 치며 노래를 맘껏 불러도 된다. 당연히 그래야 된다. 자기 욕구의 흐름을 스스로 존중하고 가치 있게 생각해야 한다. 그리고 여행하라.

책과 여행! 책이 내적 경험의 과정이라면 여행은 외적 경험의 과정이다. 소비자로서의 관광이 아닌 참된 여행은 배움의 방편이 된다. 독서가 정적이라면 여행은 동적이다. 그래서 내외, 정동, 숙고와 실천의 진자운동을 통해 배움의 리듬이 완성된다. 하지만 이것도 여유가 있어야 한다. 돈의 여유가 아니다. 시간과 마음의 여유다.

잉여가 되어 부당한 현실에 참여하는 것이 아니라, 잉여를 기회로 부당한 현실을 통찰하고 거기에서 탈피해 새로운 삶을 시작하는 것은 어떨까? 밥은 누가 먹여주냐고? 조금만 더 기대라. 한꺼번에 계절을 바꿀 수는 없다. 우애를 찾아라. 가족과 친우들에게 상호부조의 기회를 주라. 그리고 기꺼이 자신의 여가를 선물로 받아라. 강박적 현실과 거리를 가질 수 있다는 것은 대단히 중요한 일이다. 참된 삶을 모색하고 실험할 기회를 가져라. 새로운 삶의 가능을 마련해가며 가족과 친우들에게 나눠 주고 그들도 구출할 수 있다면 얼마나 좋은 일인가? 버려진 돌이 새 집의 주춧돌이 된다.

잉여가 되고 쓰레기가 되는 삶이 아니라, 잉여가 되어 자유를 회복하고 스스로 일어서서 서로를 살릴 수 있는 삶을 사는 것이다. 이것이 스콜레와 서당이 우리에게 가르쳐 주는 것이다.

상상하라, 이야기하라,
너의 삶을 살아라

> " 대안학교에서 나는 처음에 중등 아이들과 생활을 하다가 나중엔 초등 3학년 아이들과 생활하게 되었다. 이야기와 상상과 놀이를 너무 좋아하고 흠뻑 빠져있는 아이들을 보며, 상상과 이야기의 힘에 대해 생각하게 되었다. 이 글은 수업을 준비하며 내 생각을 정리한 것이다. "

상상

상상(想像)은 머릿속에 그림을 그려 보는 것이다. 하지만 전혀 근거 없이 불쑥 튀쳐나오는 것이 아니라 기억이 서로 새롭게 연결되어 맥락을 형성하는 뇌 속의 작업이다. 즉 '상(想)'의 생각이란 마음(心) 안에서 이런 저런 기억들이 서로(相) 연결되고 뻗는 작업이다. 나무가 가지를 뻗듯, 고구마가 줄기를 뻗듯, 나뭇잎이 그물맥을 정교하게 짜고 곰팡이가 균사를 내듯, 상상은 세상을 향해 펼쳐지는 정신의 그물인 것이다.

정신의 탄생

우리는 어떻게 뇌를 갖게 되었을까? 브로콜리 같이 생긴 뇌가 브로콜리가 자라듯 단순한 뇌간에서 소뇌, 대뇌로 진화되어 온 과정을 그려 보면 경이롭기까지 하다. 실로 생명이 복잡한 구조로 진화해 가면서, 신경도 좀 더 정교하고 새로운 기능을 담당할 수 있도록 진화되어 온 것이다.

그런데 뇌는 왜 상상하고 꿈꿀까? 왜 뇌는 꿈꾸고 상상하도록 진화했을까? 당연히 생존을 위해서다. 시시각각 변화하는 환경 안에서 추리하고 예측하여 불안을 제거하고 조화와 안정을 찾기 위해서다. 그럼으로써 자연계에서 안정된 위치를 확보하기 위한 전략 기관으로 대뇌 중추는 발달해 왔다. 사람의 대뇌는 세계를 파편화된 감각적 대상으로 인식하는 것이 아니라 유의미한 그물의 맥락을 형성해 '종합적'으로 이해하고 대처해 생존의 확률을 높이기 위해 발달해 왔다. 사람의 두뇌는 실로 동물의 그것보다 한 단계 더 나아간 적극성이 있다. 종합적이며, 동시에 창조적이다. 이 '창조성'이야말로 제2의 자연으로 불리는 문화를 낳은 요소이다. 상상이란 창조성이 발현되는 한 양상으로, 인생의 표출인 것이다.

대뇌피질의 그 많은 주름들을 보라. 그것은 라디에이터처럼 열을 식히기 위해 만들어진 것이 아니라 자연의 엄청난 정보를 통합하고 효율적으로 처리하기 위해 만들어진 것이다. 그래서 머리를 너무 쓰면 두통을 느끼는 것이다.

생물은 적응하기 위해 '기억을 보존'한다. 기억을 보존하지 않으면 곧 천적에게 잡아먹혀 살아남을 수 없기 때문이다. 생물은 보존된 기억을 파편적으로 인식하지 않고, 종합하고 해석해서 적용한다. 그 과정에 두 가지 원리를 따르게 된다. 바로 인과의 원리와 유사의 원리다.

먼저 '인과 원리'를 살펴보자. 인과는 모든 생물이 가진 자극—반응 체계를 기반으로 한다. 즉 동물은 사태 A를 경험할 때 이것이 안심해도 되는 것인지 아니면 경계해야 하는 것인지 정확하게 판단해 행동해야 한다. 다른 동물의 경계음이나 바람에 섞인 다른 냄새, 혹은 이상한 정적 같은 사태에 직면했을 때 동물이 다음 사태 B를 예측하지 못한다면 그 생물은 곧 천적에게 희생되어 도태될 것이다. 그래서 바른 인과 인식은 생존의 필수 요건이다. 원인과 결과를 정확히 인식하는 것이야말로 뇌의 필수 기능이다. 그런데 인간의 커다란 뇌는 이렇게 해서 축적된 경험과 기억을 인과의 사슬로 좀 더 정교하게 짤 수 있게 하였다. 주관적 경험과 기억이 언어와 만나면서 객관적 '지식'으로 전화되기에 이른 것이다.

문자가 발명되어 지식의 폭발이 가능해지기 전에도 입말을 통해서로 의사소통을 하며 지식을 나누고 확장하는 것이 가능했다. '언어'는 아무래도 인간이 사회성 동물이기 때문에, 그리고 사냥 등의 고도의 협응 활동이 많아지면서 점점 더 풍부해졌을 것이다.

다양한 기억 내용을 인과 원리에 의해 체계적인 지식으로 축적하면서 사냥 기술도 세련되게 발달시키고 농사도 가능해졌던 것이다. 그리고 바로 이 인과성 안에 상상의 중요한 힘인 미래에 대한 추측과 예측이 탄생하게 된다. 즉 인간의 '추리'는 인과적 인식을 통해 가능하게 된 것이다. 동물의 경우 사태 A에 대해 사태 B를 예측하는 것으로 충분하지만, 인간은 다양한 현상의 인과관계를 상상적 기능인 추리를 통해서 형성할 수 있게 되었다. 생각의 힘이 생긴 것이다. 그러니 인간의 상상력도 기본적으로 생존을 위한 자극—반응 체계에서 진화되어 온 것이다.

다음으로 '유사 원리'를 살펴보자. 모든 생명은 생존을 위해 학습한다. 본능으로 불리는 것도 학습과 무관하지 않다. 학습은 보고 따라하는 것에서 시작한다. 잘 하기 위해 반복해서 연습해 점차 능숙해진다. 학습이 생존 능력과 관련이 있는 것은, 생존에 적합한 것을 보고 배우면 새로운 환경에 적응해 생존율이 높아지지만 배우지 못하면 적응력도 떨어지기 때문이다. 그래서 자연을 살펴보면 곳곳에 유사성이 넘친다. 그리고 이 유사성에 의해 우리는 자연의 이치와 아름다움, 그리고 통일성을 느낀다. 자연은 비슷한 것들이 서로 공명하며 화답하고 있다. 우선 식물이나 곤충, 동물 등의 다양한 무늬와 모양을 보자. 눈에 잘 띄기 위한 목적도 있고 자신을 지형지물에 동화시켜 은폐하기 위한 목적도 있을 것이다. 혹은 적응에 필요한 특수기능을 위해 기관을 발달시키기도 한다. 인간이 여러 가지 유용한 도구를 발달시킬 수 있었던 것도 자연에 대한 관찰과 '모방'에서 비롯된 것이다. 인간은 연약하지만 머리와 손을 가지고 있음으로써 다른 동식물들을 보고 그들의 장점을 모방해 활용할 수 있었다. 그물이나 집이나 창이나 다 그렇다. 모방에 의한 창조가 일어난 것이다. 이질적인 것의 장점을 따라함으로써 이질적인 것들 간의 동질성을 구축하게 된다. 바로 상상력 때문이다. 모방이 자연스럽게 상상으로 전이된다. 그래서 상상이야말로 이질적인 것을 동질의 것으로 묶는 용광로가 된다.

이렇게 모방을 가능케 하는 자연의 유사원리가 인간에게 와 인과원리에 의해 발달한 추리 능력과 결합해 일종의 뇌혁명인 상상세계를 더 쉽게 구축하게 되었다. 여기에서 '은유(metaphor)'가 탄생하였다. 은유 능력이란 자연이 인간에게 부여한 하나의 정신혁명이다. 그것은 논리적이지 않다. 하지만 유사성에 의한 연관으로 묶이고 사물 간의 자리바꿈이 일어난다. 단순한 인과와 모방 차원은 동물도 가능했지만, 인과와 모방을 더욱 확장시켜, 유사성에 기반해 관련 없는 것들이 관련 있는 것으로 연결되고 인과적으로 재배치됨으로써 인간에게만 유의미한 세계가 탄생한다. 은유는 상상의 날개가 된다. 그리고 세계란 인간의 상상계이기도 한 것이다.

상상의 힘

상상은 인과와 유사의 원리에 의해 확장된 정신계다. 그럼으로써 세계는 전체성과 통일성을 획득하게 되었다. 서로 이질적인 것들도 유사에 의해 모두 관련 있는 존재들이 되고, 인과에 의해 서로 영향을 주고받는 관계로 재배치되었다. 최초 인간의 독특한 정신세계와 신앙은 여기에서 비롯되었다. 인간은 자연의 상호 이질적인 것을 은유로 통합하여 새로운 인과로 연결시켜 자기만의 유의미한 세계를 구축하게 되었다. 각종 주술과 신화, 그리고 종교 의례가 탄생하여 동물과는 다른 인간만의 문화를 구축하게 되었다. 그리고 여기다시 인간만이 가진 '의미'가 탄생하게 된다. '의미'는 1차로는 말의 '뜻'을 의미하지만, 2차로는 존재의 '가치' 사회적 '가치'를 의미한다. 인간은 사회적 동물로서 의미를 추구한다. 그리고 인간이 의미를 추구한다는 점에서 실로 자연계 유일의 정신적 존재인 것이다. 물론 자연에도 마음과 정신이라는 것이 있지만, 인간처럼 의미를 추구하는 정신은 아니다.

이제 자연 세계는 인간 중심으로 재배열된 의미 있는 세계다. 물론 무의미라는 맹점도 생기게 되었다. 그리고 무의미의 맹점에 의해 자연은 인간에 의해 배제되고 착취당하는 일도 벌어지게 된다.

다시 정리해 보자. 연관 없어 보이는 이것과 저것의 단편적 기억이 있다. 이 기억들이 인과와 유사에 의해 밀접한 관계로 재배치된다. 하지만 이 세계는 자연 자체가 아니다. 바로 상상에 의해 인간에게 유의미하게 구축되고 종합된 자연인 것이다. 상상의 폭은 유사와 인과에 의해 매우 넓고 다양한 세계를 가능하게 한다. 그러므로 상상도 인식된 세계의 단편적 기억을 분류하고 재배치하고 종합한다는 점에서 정신의 본분을 다하고 있다. 인과와 은유는 정신의 원리이다. 그렇게 단편적 기억들은 맥락을 형성하고 생존 가능성에 기여하도록 종합되고 적용되기를 되풀이하며, 그 실효성을 검증받는다. 기억과, 기억의 맥락을 형성하고 마음의 그림을 그리는 상상은 유용한 것이다. 상상한다는 것 자체가 삶에 적극적으로 욕구를 발현하는 행위이다.

그런데 놀라운 것은 상상이 기억을 연결하면서 존재하지 않는 것을 만들어내는 '창조'적 기능을 한다는 것이리라. 인간은 새로움을 즐기는 동물이다. 창조를 유희한다. 창조야말로 또 다른 인간의 속성인데, 하나의 세계를 창조함으로써 인간은 자신의 신적 권능을 느낀다. 창조 안에서 생명은 자신을 실현한다. 그것은 임신을 통한 생명 창조도 포함하지만 진화의 역사 자체이기도 하고, 인간의 유의미한 사물과 사상과 세계의 창조도 포함한다. 정신계는 인간에게 유의미한 세계로서 생명을 부여받게 된다. 세계 각 민족의 고유한 신화와 신앙은 인간이 창조한 정신세계이며 정신 생명이기도 하다. 그래서 신과 더불어 상상 동물인 용과 유니콘, 그리고 도깨비, 귀신, 요정, 천사, 천국, 지옥 등의 정신세계와 정신 생명들이 나타나게 된다. 그들은 모두 인간에 의해 창조되어 의미부여되었기 때문에 존재하는 것이지 원래 객관적으로 존재하기 때문에 존재하는 것이 아니다.

공상과 망상

인간은 정신적 존재이다. 문화는 정신의 산물이고, 정신은 자연 진화의 산물이다. 그리고 상상은 정신이 능동적으로 작동하는 방식이며, 생명의 창조적 기능이다.

공상은 헛된 상상이라는 뜻으로, 단지 개인의 현실 도피적 기능에 멈춘 상상이라 할 수 있다. 현실에는 무해하지만, 현실과 공상이 서로 피드백되지 않아 개인의 주관을 떠나면 무의미하게 된다. 사실 공상도 맥락을 형성함으로써 본질적으로 존재의 예측 가능성을 높이려는 상상의 일부이고, 심리적 안정감을 주는 기능도 한다. 망상은 다르다. 불안의 에너지가 지나치게 투여되어 인과와 유사의 맥락이 흩어진 병적 상태를 나타낸다. 망상은 인과의 괄호를 불안에서 발생한 은유물이 차지해 필연을 구축해 주관적으로 현실화한 것이다. 그렇기 때문에 건강한 현실 맥락을 파괴한다. 불안의 그림자가 투영되어 횡포를 부리기 때문이다. 억압에 의해 야기된 불안이 상상을 통해 힘을 행사하고 현실을 압도해 버리지 않도록 망상은 치유되어야 한다. 하지만 망상을 부정적으로만 보면, 망상은 오히려 더욱 막강하게 자랄 수 있다. 그렇기 때문에 망상을 정신의 위기에 대한 신호로 이해하고, 망상을 낳은 불안 요인을 찾아 문제를 해결함으로써 정신건강을 회복하는 기회로 삼아야 할 것이다. 여기에 이르면 망상도 결국 의미 있는 정신의 작용인 셈이다. 빛이 있으면 그늘도 있는 법이다. 이런 부작용도 있지만 상상을 통해 인간은 뇌에 의해 진화의 전위가 될 수 있었고, 인간만의 문화를 창조할 수 있었다.

상상의 기능

상상이야말로 아이가 세상의 주체로 살아가는 힘을 길러 준다. 주체의 의지를 발현하는 지적 활동이 상상이다. 기하급수적으로 발달하는 아이의 뇌와 상상은 긴밀하게 관련이 있다. 역으로 활발한 상상이 뇌세포와 신경의 성장을 자극하고 연결을 발달시킨다. 아이의 뇌는 세상 모든 것을 흡수하려는 듯 활발하게 움직인다. 말해진 모든 것을 사실로 받아들인다. 어른들은 상상계와 현실계를 구분하며 진위를 구분하지만 아이들에게는 말해진 모든 것이 곧 현실계이다. 그렇기 때문에 상상은 어른보다 아이에게 자유롭고 익숙하다. 인류의 유년기의 인식 수준은 실로 아이들의 인식 수준과 비슷했을 것이다. 물론 현재 인류의 보편의식은 상상과 현실을 현재적 기준에서 비교적 확실히 구분한다. 상상은 과학의 눈으로 보면 검증 불가능의 가설 영역일 것이다. 가설이었던 상상이 현실적 검증을 거쳐 유용성을 증명 받으면 더 이상 상상이 아니라 하나의 믿음직한 종교나 세계관으로 받아들여질 것이다. 그리고 그것이 실험 가능성에 의해 검증까지 받는다면 과학적 사실로도 받아들여질 것이다.

그러므로 고대의 신화나 전설 같은 이야기는 무의미한 것이 아니다. 그것을 통해 옛사람들은 세상을 만났다. 현대의 과학이 그런 것처럼, 중세의 종교가 그런 것처럼. 그것은 고대의 세계관이었다. 상상이 만들어 낸 민중의 이야기(전설, 민담) 또한 민중의 세계관으로서 훌륭히 기능했다. 나름의 지식과 심리적 위안, 그리고 도덕적 교훈을 갖춰 유용했을 것이다. 하지만 지금은 과거의 종교와 세계관을 밀어내고 과학이 현실을 설명하는 주된 방식이 되었다. 상상은 기껏 동화나 영화, 미술 같은 예술의 창조로 제한되어 협소한 의미에서 사용되는 말이 된 것 같다. 그러나 기억하자. 상상이란 원래 과학적 추론를 포함하는 두뇌활동 자체로서, 세상을 포섭하기 위한 뇌의 역동적이고 생명적인 활동이다.

우리가 정신의 주체로서 자신을 의식하고 어부가 그물을 던지듯 상상의 그물을 던지는 것은 결코 헛된 일이 아니다. 오히려 수동적이고 피동적인 삶을 벗고 능동적인 삶으로 전환하는 길이다. 상상자체가 생명의 창조적 적응 과정이자, 자기 스스로 의미 맥락을 형성하고 독립된 주체로 사회에 서는 정신의 행위이기 때문이다. 상상하지 못한다면 자기 삶의 의미를 만들 수도 없다. 상상은 곧 주체의 전략인 것이다.

그렇다면 다시 이런 모토를 만들어 볼 수 있지 않을까? '상상하라. 그것이 삶이다.'

상상의 요청

자본주의 사회가 진행되면서 인간은 돈/상품을 획득하기 위한 노동자/소비자로 전락하게 되었다. 자급자족하는 힘과 공동체를 잃어버린 현대인은 어쩔 수 없이 분업화에 따라 기계화되고 의존하면서 수단화와 대상화를 피할 수 없게 되었다. 즉 현대인은 자본의 수단으로서—좋게 말하면 생산의 수단으로서—노동과 능력을 시간으로 계산해 판 대가로 상품을 살 돈을 가진 소비 노동자로 전락했다. 주체가 아닌 수동적 대상이 됨으로써 삶의 근본 정서를 소외와 불안이 지배하게 되었다. 소외는 주체의 상실을 의미한다. 더욱 무서운 것은 바로 통제 불능성인데, 우리는 이 가공할 문명을 통제할 수 없다는 무력감에 빠져 있다. 삶의 결정권을 내가 아닌 남이 가지고 있고, 더구나 파악이 불가능한 거대 시스템이 가지고 있다는 것을 자각하는 것은 끔찍한 일이다. 이미 인공의 비인간이 인간을 압도해 버린 문명으로 진입했기 때문이다. 비인간의 기계는 벌써 골리앗을 지나, 레비아탄을 지나, 자연을 인공자연으로 완전히 포획해 버린 매트릭스의 세계로 변했다.

그러나, 그래서 더 주체를 말하는 것이다. 우리는 더 절실히 비인간의 억압을 넘어 생명의 자유를 실현하고 싶어 한다. 그래서 아무리 암담한 세계 자본주의 사회라도 교육과 삶은, 생명 자체가 가진 사랑과 자유를 실현하고, 건강한 상상에 의해 주체의 역량을 발휘하는 인간화 과정을 목표로 삼아야 한다.

인간은 자유를 통해 자율과 자존과 자립의 원리를 실현해 나갈 수 있다. 이것이야말로 우리가 주체를 회복하는 과정이며, 평등한 사회를 만들고 자연과 조화롭게 사는 방법이다. 한때는 자연을 인간화하는 것이 문명이었지만, 지금 문명은 자연의 뿌리를 들어 올리는 괴물이 되었다. 비인간의 기계문명이 자연을 파괴하고 인간을 압도하고 있다. 따라서 기계의 논리 대신 우리는 상상의 힘으로 지금과는 전혀 다른 방식으로 세상을 보고 실천할 수 있어야 한다. 같은 방식으로 생각해서는 결코 문제를 해결할 수 없다. 이것이 상상이 필요한 이유이다. 전제를 밀어내고 다시 상상하고 꿈꾸자. 그리고 가장 쉬운 한 가지부터 하자. 이것은 결과를 예측하고 논하는 일이 아니다. 오직 자연으로부터 부여받은 생명의 자유와 인간 스스로의 내적 요청 때문이다. 건강하고 즐거운 상상의 삶을 실천하자.

내가 상상을 자꾸 강조하는 것은, 인류의 유년기부터 함께한 상상이야말로 여전히 우리를 갱신할 적극적 수단이 될 수 있기 때문이다. 지금이야말로 절절히 꿈꿀 필요가 있다. 삶을 되찾고, 노예가 아닌 삶의 주인이 되기 위해 우리는 상상한다. 그리고 주체의 온전하고 적극적인 꿈꿈이야말로 실천하는 삶으로서의 상상이며 그 출발이다.

상상과 교육

우리는 흔히 학생을 세상의 지식과 기술을 이해(理解)하고 습득해야 하는 대상으로 본다. 하지만 학생이야말로, 또 참된 배움이야말로 주체가 상상하고 적용하는 인간화 과정의 주인이다. 그렇다. 이미 우리 안에 내재한 상상의 힘을 활용하자. 유년의 놀이는 온통 상상으로 가득하다. 소꿉놀이나 술래잡기 같은 놀이로부터 아이들은 주체의 연습을 하고 있다, 놀이의 형태로. 아이들의 호기심은 현실적인 것에 제한되지 않고 모든 것을 향해 열려 있다. 세상에 대한 호기심과 상상이야말로 유년의 삶이며 공부를 이루고 있다. 상상은 아이들의 정신세계를 보여주는 말인데, 아이들은 이런 상상을 통해 제 수준에 맞게 맥락을 형성하며 세상을 재해석하고 고유의 가치와 의미를 만들어 갈 수 있는 것이다. 상상은 주체의 포획이다. 상상할 수 있는 아이는 의미를 만들고 가치를 부여할 수 있는 아이다. 어른이라고 아니겠는가? 상상은 주체가 자유이게 하고 주체의 영토를 확장하도록 한다. 어떤 의미에서 우리 모두가 지금 하고 있는 생각도 상상의 작용인 것이다. 우리는 여전히 상상하며 상상 속에 살고 있다. 상상은 어둠의 땅 속에서 새싹을 틔우는 일이다.

이야기하기

몇 년 전부터 스토리텔링이 우리 사회에서 유행하고 있다. 학교에서 이용하는 스토리텔링과 기업에서 활용하는 스토리텔링은 좀 다르다. 학교에서 활용하는 스토리텔링이 아이들이 좋아하는 이야기를 들으며 개인적 관심을 탐구해 심화시키고 그것을 다시 통합해 새로운 맥락을 형성하는 과정이라면, 기업은 일종의 상품의 의미와 가치를 창출하는 기법으로, 이야기를 만들어 새롭게 맥락을 형성하여 의미를 탄생시킨다. 하지만 이들은 모두 주체를 중심으로 맥락을 새롭게 형성하고 의미를 창출한다는 점에서 서로 닮았다. 말이 좋아

스토리텔링이지 사실은 선사시대의 신화나 민담과 별다른 것은 아니다. 스토리텔링의 이야기도 인과에 의해 유의미한 맥락을 재구성하는 방식으로 선사시대부터 활용한 이야기 구조와 기능과 동일하기 때문이다.

하지만 스토리텔링의 강조점을 달리해보자. '이야기(story)'와 '말하기(telling)'의 결합을 통해 '이야기를 말하기'가 되는 것이다. '주체의 맥락'을 말한다는 것! 그것은 주체의 세계를 표명하고 정체성을 확인하는 일이다. 그럼으로 스토리텔링은 '주체의 커밍아웃'이기도 하다. 이것이 스토레텔링이 목표로 삼아야 할 것이리라. 내가 말하는 '이야기하기'란 바로 '이야기(story)+말하기(telling)'으로서 '주체의 커밍아웃'을 의미한다.

그러고 보니 '이야기하기(story+telling)'는 1970년대 파울로 프레이리(Pauio Flreire, 브라질, 1921-1997)가 『페다고지』를 통해 시도했던 민중교육으로 남미와 북미에서 실시되었던 문맹 퇴치 프로그램과 일치하는 점이 있다. 민중이 삶과 무관한 지식을 배우는 게 아니라, 자기 삶의 어휘를 통해 문자를 배우고 자신의 이야기를 말함으로써 새롭게 각성하고 변혁의 주체로 서게 된다는 것이다. 실제로 이러한 방식에 의해 프레이리는 문맹 퇴치에 많은 성과를 올릴 수 있었다. 하지만 독재정권 시절 정부와 주류언론은 프레이리의 민중교육인 의식화 교육을 빨갱이 교육이라고 매도하고, 바르게 이해하고 실천할 기회를 차단하였다. 그런 까닭에 우리 교육은 글자는 읽지만 삶을 담지 못하는 삶맹교육에 맴돌게 되었다. 자기의 주체를 형성하지 못하고 커밍아웃하지 못하는 존재들은, 사회적으로 있지만 존재하지 않는 익명이며 어둠과 같은 상태이다. 글자를 읽기는 하지만 자기 삶과 생각을 글로 표현하지 못하는 것이야말로 글로부터의 소외, 곧 문맹이 아닐까? 우리 사회에도 1990년대에 『작은책』 같은 잡지가 있어 민중 자신의 이야기하기를 적극적으로 담아 내려는 노력이 있었다. 민중의 이야기하고 싶은 욕구와 열망은 어디서나 불변이기 때문에 사라지지 않는다. 그것의 가치를 알고 활용하는 노력이 없을 뿐이다.

자기만의 이야기를 갖고 말하는 것이 그렇게 중요한 것일까? 그렇다. 이야기를 갖는 것은 세계를 갖는 것이다. 『아라비안나이트』에서 세헤라자데는 천일 동안 이야기를 함으로써 자신의 세계를 가질 수 있었다. 그리고 그 이야기들 속에서 주인공들은 다시 자기만의 이야기를 함으로써 위기를 모면하거나 생명을 가질 수 있었다. 이야기란 세계이고 의미이고 생명인 것이다. 이야기는 세계라는 음식을 담는 그릇이다. 누구나 이야기를 좋아하고 이야기에 관심이 있다. 기꺼이 새로운 세계에 관심을 갖고 있다. 그래서 좋은 이야기는 남을 초대하고 동참하게 하는 힘이 있다. 그것이 세계를 변혁하기도 한다. 「벌거벗은 임금님」 동화는 누구나 알 것이다. 세상 모든 사람들이 허위와 기만에 사로잡혀 거짓말을 되풀이하는 벙어리가 되었지만, 오직 거짓을 모르는 아이의 정직한 말 한마디가 도미노가 되어 모든 것을 바꾸어 버리지 않았는가? 기득권자들이 소문을 퍼뜨리고, 언론을 장악하려는 것은 이야기하기가 그토록 위험한 영향력을 갖고 있기 때문일 것이다.

나 자신의 이야기가 곧 내 생명이며 세계다. 그러니 상상과 이야기를 우습게 보지 말아야 한다. 우리가 사실로 받아들이고 있는 역사도 엄밀한 의미에서는 상상의 구성물에 지나지 않는다. 나의 이야기를 하기 위해서는 역사 같은 절대적 권위를 가진 이야기를 무너뜨릴 수도 있어야 한다. 모든 이야기가 상상의 구조물일진대, 그것은 절대적일 수 없다. 그러니 나의 이야기, 우리의 이야기를 하기 위해서 절대적인 이야기의 허구성도 짚어보자.

절대이야기 깨기

여기 역사가 있다. 주체를 중심으로 의미 맥락을 형성해 시간과 사건을 서술한 것이 역사이다. 그런데 그 주체란 곧 지배자이자 승리자가 아니었던가? 우스개로 역사(history)를 그의(he) 이야기(story)라고 하기도 한다. 역사에는 그녀와 어린이, 노예들이 나오지 않는다. 왕과 지배 계급, 그리고 전쟁과 기념물들이 역사의 내용을 구성한다. 그래서 그들의 이야기인 것이다. 민족사관도 절대적인 것이 아니다. 그것은 승리한 민족을 중심으로 서술된 이야기일 뿐이다. 그러니 기존의 역사 서술에 동의하지 않는 사람이라면 새로운 주체를 설정해 역사를 다시 서술할 수 있다. 그러면 역사도 달라지게 된다. 역사를 혹 객관적 사실이라고 믿었던가? 카아는 역사적 사실을 객관적 사실이 아니라 여러 사실들 가운데 역사가에 의해 의미 있는 사건으로 선택된 것이라고 정의한다. 역사란 선택된 사실들을 재배치하는 과정으로부터 자유로울 수 없는 법이다. 자기의 관점을 가지면 역사도 바뀐다. 한국 사람들이 그토록 신봉했던 족보란 알고 보면 얼마나 남성 중심의 배타적 계보인가? 유대민족에게 선민의식을 심어준 구약의 이야기가 없었다면 유대민족도 사라졌을 것이다. 관점을 바꾼다면 이것들도 절대적인 것은 아니다. 그래서 내게 의미 있는 것들을 상상하고, 그것을 이야기하는 것은 대단히 중요하다. 왜냐하면 현대 세상엔 너무나 많은 '절대이야기'들이 넘쳐나고 있기 때문이다. 과잉의 절대이야기 속에 파묻힌 채 수없이 쏟아져 나오는 심심풀이 상품이야기들에 현혹된다면, 우리들은 주체를 잃고 소외된 채 비인간인 인간으로 살아가게 되기 때문이다. 자기만의 이야기를 형성하지 못하면 결국 남의 이야기를 소비하며 남의 이야기의 엑스트라가 될 뿐이다. 내가 내 이야기의 창조자가 되어야 한다. 망상이 아니라 건강한 상상에 의해서.

내가 내 삶을 살기 위해 나 자신의 이야기를 만드는 것이다. 의미와 가치를 내가 만들어 내지 못한다면 나는 남이 쓴 소설 속을 헤매는 삶을 살게 된다. 각종 자수성가와 성공 신화에 현혹되고, 천재 신화를 부러워하고, 영웅신화에 구원을 맡기게 된다. 사실 자신이 자신의 의미를 만들지 못하므로 그 이야기의 귀결은 맹목이요, 복종이요, 노예로서의 삶이다.

이야기하기로서의 교육

교육의 목적은 아이들이 자기가 주인공이 된 인생 이야기를 써 나갈 수 있도록 돕는 것이다. 고생한 이야기를 책으로 쓰면 수백 권으로도 부족하다는 어르신들의 한탄을 닮아서는 안 된다. 어찌할 수 없이 견디며 겪어야 했던 삶의 신산한 이야기를 도외시하자는 게 아니다. 자기가 자기 삶의 주인공으로서 삶의 이야기를 구성하며 스스로의 윤곽을 짜 나가는 주체에 초점을 맞추자는 것이다. 부당한 사회를 탓하는 것만으로는 무의미하다. 중요한 것은 내가 나의 원칙과 의미로 삶을 실현시켜 나가는 일이다.

이해란 주관적인 것이다. 지식이 밖에 존재하고 밖에서 주어지는 것이 아니라, 주체의 의지가 세계와 부딪히고, 상상이 현실에 적용되면서 터득되는 것이다. 지식은 주체의 경험 안에서 재형성되어야 참지식이 된다. 그러므로 자꾸 밖의 지식과 이해를 강요하지 말아야 한다. 먼저 아이가 가진 삶의 에너지와 배우고자 하는 욕구를 살펴야 한다. 삶의 주체가 될 아이의 내면이 중요하기 때문이다. 아이의 기질과 성향, 그리고 의지를 살펴야 한다. 지친 아이에게 천편일률적 지식을 강요하는 것은 삶의 욕구와 의지를 꺾는 일이다. 아동기의 어린이들에게는 놀이를 통해 아이가 자신의 호흡에 맞게 상상하고 적용할 자유를 주어야 한다. 이해는 상상의 작용이 현실에서 적극적으로 적용될 때 함께 확장된다. 지식은 상상과 현실의 순환고리 안에서 생산되며, 검증된 기억은 새로운 피드백이 될 것이다.

나는 초등 저학년의 어린이를 보며 상상이 살아 있는 이야기 나라를 꿈꾼다. 초등 저학년 어린이들은 상상놀이에 익숙하다. 놀이가 학습이다. 감정과 몸의 협응을 통해 현실의 자극(기억)에 기반한 다양한 상상 세계 안에서 놀면서 저절로 이해하고 성숙해 나갈 것이다. 아이들은 『걸리버 여행기』의 걸리버다. 거인국과 소인국을 여행하고, 말나라, 하늘을 나는 섬나라를 여행하는 것처럼, 이상한 나라의 앨리스가 토끼를 따라 여행하듯, 식물 속 나라를 상상하고, 땅속 나라를 상상하고, 동물원을 상상하고, 아이들과 아이들이 사는 마을을 상상하고, 종이나라를 상상하고 그것들의 이야기를 만들며 그 안에서 놀 수 있다. 아이의 놀이 속 세상은 주체의 참여에 의해 유동하는 세계이다. 아이들이 곧 세상을 탐험하는 주인공 걸리버가 아닌가? 아이들이 이해한 세상은 아이들에게 살아 있는 세상일 것이다. 아이들은 세상을 제멋대로 늘였다 줄였다 떼었다 붙였다 할 수도 있다. 주체를 실험하고 주체의 역량을 기르는 것이다. 중요한 것은 살아 있는 희열이다. 기쁨이 건강한 주체의 정체성이 될 것이다.

각기 다른 상상의 나라는 저마다 고유한 세계고, 그런 세계와 사귀면서 우리는 나와 다른 세계에 대해 존중하는 태도도 배울 것이다. 상상의 즐거움을 누리는 것이야말로 세상의 주인으로서 자유를 느끼는 것이리라. 사랑과 도덕은 즐거운 놀이 안에서 서서히 자랄 것이다. 지식은 목적이 아니라 부산물이다. 아이들은 점차 자연과 사회에 존재하는 다양한 이야기 맥락을 이해해 나가게 된다. 이것을 조급하게 가르칠 필요는 없다. 그저 놀면서 즐기면서 호감을 갖게 되면 된다. 읽고 쓰고 말하는 모든 것이 다양한 놀이와 공연으로 종합되는 가운데 호기심은 점차 확대되어 갈 것이다. 삶의 맥락은 삶 안에서 서서히 배워 갈 것이다. 전래동화의 이야기들은 이 무렵 아이들을 격려하고 자극할 것이다.

초등 고학년과 중등의 사춘기 소년소녀들은 성장소설과 의미 있는 이야기들과 자기 삶을 가진 어른들의 이야기와 우리가 살아가는 사회와 마을의 아름다운 이야기를 만날 수 있도록 노력해야 한다. 내면의 상상계와 외면의 현실계의 자연스런 고리를 만들기 위해 자기의 고민과 이야기를 쓰고 나누는 것은 좋은 과제가 될 것이다. 관심이 있는 영역이 있으면 적극적으로 집중할 수 있어야 한다. 그것이야말로 교육이 기다리고 기다리는 순간이기 때문이다. 주체의 자기집중을 방해하지 말아야 한다. 한편 같은 이야기도 누구의 입장에 서느냐에 따라 이야기가 달라지는 것을 다양한 경험을 통해 이해해 나감으로써 섣부른 판단보다 이해와 배려가 중요한 것임을 알아 나가면 좋을 것이다. 그러기 위해서는 입장 바꾸어 이야기해 보는 이야기 놀이를 해보는 것도 좋을 것이다. 공감과 이해의 발달에 도움이 될 것이다. 사춘기의 과제를 해결하기 위해 침잠하는 친구들에겐 충분히 자기만의 시간을 가질 수 있도록 배려하며 이야기를 강요하지 말아야 한다.

고등의 시기는 청소년이지만 성인으로서 존중해야 한다. 아이들은 사회의 이야기에 참여할 수 있지만 강요해서는 안 된다. 우리는 자꾸 당위와 권위를 설정해 그것으로 아이들을 압박하곤 한다. 물론 자유와 방종은 구분해야겠지만, 때로는 도약을 위해 방종도 허용될 수 있어야 한다. 서서히 지역사회를 벗어나 여행을 통해 전혀 이질적인 삶과 환경을 만나 보는 것도 도움이 될 것이다. 여행기와 철학서 등을 읽고 이야기를 나누는 것도 좋다. 중요한 것은 무엇이든 절대화하지 않고 하나의 이야기로서 접할 수 있게 하는 것이다. 그것은 가치의 혼란을 야기하는 게 아니다. 오히려 주체의 가치와 의미가 가진 중요성을 인식시키는 일이다. 자기만의 이야기를 만들고 삶을 통해 펼친 주체의 선례들을 접하게 하는 것은 큰 도움이 될 것이다.

교과서는 여러 이야기책 중의 하나로서 취급되어야 한다. 교과서의 지식을 맹종할 것이 아니라 교과서의 지식에 담긴 사상과 이데올로기에 대해 판단할 기회를 제공하여 교과서에 얹힌 지나친 권위를 벗겨 낼 수 있게 도와야 한다. 각 학문은 각기 다양한 이야기 중 하나일 뿐이다. 아이들이 주체로 서기 위해서는 더욱 절대적 지식관을 갖지 않도록 유의해야 한다. 지식의 권위야말로 편견을 기르고, 주체를 억압한다. 그러니 지식도 '절대적 지식'이 아니라 주체가 '형성하는 지식'이 되어야 한다. 형성하는 지식은 주체의 자유와 의미 창출에 기여한다. 문제에 대해 상반되거나 다양한 맥락을 살펴보고 비교해보는 것은 유연하고 신중한 사고력을 길러 줄 것이다. 다양한 입장들을 만나며 점차 나만의 입장을 형성하게 되고 그것의 중요성도 경험하게 될 것이다. 이성은 이제 적극적인 관심의 대상이 되었으므로 이성의 이야기 또한 중심 테마가 될 것이다. 한편 아이는 사회의 이야기와 나의 이야기가 상반될 때 어떻게 풀어가야 할지에 대해서도 진지하게 고민할 기회가 있어야 하고, 자기의 입장을 정립할 기회를 가져야 한다.

성인의 삶도 쉼 없이 자기의 이야기를 형성하고 말하고 실천하며 나누는 과정이다. 아이가 꾸준히 자기 이야기를 상상하고 이야기와 의미를 형성하는 경험을 하였다면, 그는 점차 성숙할수록 자기 삶과 세계를 창조하는 사람이 될 것이다. 삶은 자기 이야기를 쓰는 행위이기 때문이다. 교육에서 상상과 이야기의 힘을 적극적으로 활용하는 것은 삶의 주인공이 되기 위한 중요 연습이 될 것이다. 아이들이 가진 상상과 이야기의 욕구를 마음껏 펼칠 수 있도록 돕자. 심장이 있는 한 생명은 자연과 함께 자연을 따라 힘차게 약동할 것이다. 배움과 성장은 창조적인 것이다. 자연이 창조적이듯 창조적인 주체의 역량을 받자.

자연이 부여한 뇌를 활용해 인간은 스스로 의미 있는 존재가 되었다. 문화란 그것이 비록 인간의 것이지만, 자연처럼 자유롭고 자연처럼 자발적으로 이루어진 것이다. 하지만 기존 문화가 너무 억압적이라면 우리는 새로운 이야기를 써 나가야 한다. 새 술은 새 부대에 붓는다.

상상하라. 이야기하라. 그리고 너의 삶을 살아라.

몰입할 권리

> 66 내가 만난 중고등의 많은 아이들이 게임에 몰두해 있었다. 사춘기 남자 아이들은 게임에 몰두한다. 사냥꾼인 남자가 들판을 잃고 방 안에 갇혔다. 활동적일수록 가정이나 학교나 사회에서 억압당하는 게 더 많다. 게임은 방 안에서 사냥꾼의 본능을 채워주고 분노를 해소하고 왜소해진 자아를 응원한다. 부모들은 아이들의 게임중독을 걱정한다. 하지만 현실에서 아이들에게 몰입할 것은 게임밖에 없다. 그러나 아이들도 안다. 때가 되면 아이들은 게임을 그만두고 자기 길을 간다. 99

몰입

교육에 대해 고민할 때 나는 공자의 다음과 같은 말을 되새겨 봤으면 한다.

아는 것은 좋아하는 것만 같지 못하고, 좋아하는 것은 즐거워하는 것만 같지 못하다. (知之者不如好之者 好之者不如樂之者, 『논어』)

우리는 너무나 앎에 몰두해 있다. 하지만 진짜는 그것을 좋아할 뿐 아니라, 즐거워해야 한다는 것이다. 단순히 안다는 것은 그야말로 단순히 안다는 것일 뿐이고, 사실은 안다고 믿고 있을 뿐이거나 모르는 것일 수도 있다. 반면 즐거워한다는 것은 체험하고 삶으로 누리는 것이다. 바로 몰입과 같은 것이라고 생각한다. 앎을 삶과 분리시키지 말아야 한다. 한편 좋아하는 것이란 아직 대상에 대한 거리감이 있으니 관심을 갖고 집중하는 것을 의미한다. 그러므로 앎의 목적은 좋아함이며 좋아함의 목적은 즐김이다. 앎이 대상에 대한 감각 혹은 인식이라면, 좋아함은 대상에 대한 관심 혹은 호기심과 집중이며, 즐거워함은 몰입을 통한 체험과 성취를 의미한다고 볼 수 있다. 그리고 거기 삶의 열쇠가 있다.

학습은 몰입을 통해 이루어진다. 외부에서 강제로 주입하고 유도하는 것은 학습이 아니다. 학습은 주체가 자유롭고 자발적으로 목표 대상에 몰입할 때 저절로 이루어진다. 몰입 체험 안에 학습이 담겨 있다. 공부(工夫)라는 말 안에도, 학습(學習)이라는 말 안에도 목표를 달성하기 위해 주체가 자발적으로 반복 노력한다는 의미가 담겨 있다. 당연히 학습 대상이 되는 것은 주체에게 필요하거나 재미있거나 의미 있는 것들이다. 앎에서 좋아함으로 옮겨간 상태일 것이다. 필요, 호기심, 재미, 의미 같은 동기 없이 주체가 대상에 몰입하는 것은 강제가 아니면 거의 불가능하다. 아니, 누구도 강제로 몰입할 수는 없다.

그렇다면 학교의 공부와 학습은 아동이 몰입하기에 적합한가?

불행하게도 아니다. 아동 중심의 교육관에서는 아동의 관심과 집중, 그리고 몰입에 최대한 관심을 기울이겠지만, 학교 시스템은 교사 중심, 과목 중심이기 때문에 구조적으로 몰입을 방해한다. 아이들이 커리큘럼과 시간표에 맞춰야 한다. 과목도 한 시간 안에 모든 것을 끝내고 다음 시간에는 다음 과목에 다시 집중해야 한다. 애초 자기 리듬은 존재할 수 없다. 학교의 리듬에 철저히 맞춰야 한다. 교육에 있어서 아동의 리듬을 무시한다는 것 자체가 이미 비교육적 상황인데도 학교는 지식의 균등한 보급에 강박관념을 가지고 있다. 학교 안에 기계적이고 전체주의적인 의식이 내재되어 있는 셈이다. 그 지식이 얼마나 건조하고 삶을 소외시키는 것인지 모르면서, 막연하고 맹목적인 지식 신화에 사로잡혀 있다.

사람들이 이렇게 비인간적이고 낡은 근대교육 시스템에 집착하는 것은 너무나 신기한 일이다. 아동을 생각한다면 도무지 이해할 수 없는 현대교육의 미스터리다.

개인적 체험

개인적인 체험이 객관적일 수는 없다. 하지만 사유는 체험의 절박함에서 비롯된다.

내게 학교는 몰입을 방해하는 곳으로 기억된다. 고등학교 시절은 특히 그랬다. 입시에 대한 중압감이 심했다. 학과목은 15, 6과목이었고 매달 시험을 봤다. 물론 야간 '자율학습'이 있어서 집에 가면 10시가 됐다. 영어, 수학을 잘 해야 좋은 대학을 갔으므로 매일 영어, 수학을 공부하는 데 2, 3시간을 들였다. 하지만 입시 외의 동기를 가질 순 없었다. 당연히 재미가 없었고 집중이 어려웠다. 당시 공부하던 『성문종합영어』 책에는 마틴 루터 킹의 명연설 같은 게 있어서 그나마 좋은 글을 읽는 재미가 있었지만, 보통은 독해력을 길러주는 글들뿐이었다. 나는 학과 공부 외에 갈증이 많았다. 쉼 없이 책을 읽고 학교가 끝나면 화랑을 다니며 작품들을 관람했고, 국악이든 연극이든 가리지 않고 기회가 닿는 것은 직접 가서 보려고 했다. 봉산탈춤도 배우고 독서토론 등을 하며 철학책들을 찾아 읽었다. 어떻게든 갈증을 풀고 싶었지만 입시 스트레스는 너무나 심했고 고3 때는 불을 끄고 자면 가위에 눌릴 때가 많았다.

그 당시 나는 미친 듯 알고 싶었고 배우고 싶었다. 하지만 지옥 같은 입시경쟁 속에서 배워야 할 것, 해야 할 것은 따로 있었다. 답답함, 소외, 고독이 주된 정서였다. 내 안의 부자유함이 몹시 부담스러웠다. 학교 공부를 인정한 이상 몰두는 하고 싶었지만 도무지 몰두가 되지 않았다. 그렇게 고3을 보내니 너무나 나를 억누르고 참아 내 목소리가 사라진 것 같았다. 물론 나도 안다. 내가 예민한 사춘기를 보냈다는 것을. 하지만 나의 예민함만으로 돌리기에 교육제도의 무게는 너무나 가혹하고 무자비하게 느껴졌다.

수많은 지식 과목과 문제집과 시험을 견디며 살아남는 방법은 나 자신의 욕구를 억누르고 소외시키는 것이었다. 시험공부는 어느 정도 무감각을 필요로 했다. 대학에서 내가 하고 싶은 공부를 마음껏 할 수 있다는 꿈이 없었다면, 현실을 버티기 힘들었을 것이다. 내게 학교는 뼈저리게 체계적으로 자기발견과 몰입을 방해하는 기관이었다. 졸업을 하고 재수를 하지 않고 대학에 갈 수 있어서 다행이었다.

학교를 졸업하고 교사가 되어 아이를 가르치며 느끼는 것도 역시 그랬다. 예민한 아이들은 특히 더 심하게 고통을 받았다. 학교는 '앎—좋아함—즐거움'으로 연결되는 구조가 아니라, '앎—인내—시험'의 구조였다. 삶과 개인의 체험을 소외시키는 구조였다.

가혹한 비유와 농담이지만, 음모론처럼 학교란 국가 권력이 개인의 각성을 방해해 무력하고 의존적인 개인으로 주조하는 인격 주조 공장이 아닐까 한다.

하지만 그 시절을 즐거운 학창 시절로 추억하는 동시대의 사람들을 볼 때, 인간의 탁월한 적응 본능과 합리화 전략은 충격으로 느껴진다. 아무리 폭력적인 학교에서도 삶은 사라지지 않는다. 인간의 적응력이란 정말 놀라운 것이다.

몰입 기능

몰입과 숙면은 깊은 관계가 있는 것 같다. 몰입 방해처럼 숙면 방해도 개인의 건강한 생활을 방해하기 때문이다. 사람은 잠을 잘 때 몇 차례 램수면을 거친다고 한다. 램수면에서 우리는 꿈을 꾼다. 몸은 완전히 잠에 빠졌는데 의식이 자율 활동처럼 작용을 하는 상태다. 램수면 상태에 들면 사람의 눈동자가 움직인다고 한다. 그런데 램수면에 들려는 사람을 의도적으로 깨워 램수면에 들지 못하게 하면, 아무리 잠자는 시간이 길어도 수면자는 피로와 불안, 짜증을 느낀다고 한다. 숙면은 램수면과 비램수면 모두를 필요로 하는 것이다. 정신과 몸이 충분히 이완하여 휴식을 취해야 하는데, 특히 정신적 스트레스같이 얽혀 있는 문제는 램수면을 통해 자율적으로 해결하고 넘어가는 것으로 보인다. 그렇지 않으면 우리는 지나친 스트레스로 인한 경직을 견디지 못하고 질병에 시달릴 것이다.

숙면이 완전히 이완된 쉼이라면 몰입은 육체적으로 정신적으로 완전히 각성된 활동으로 볼 수 있다. 개체의 활동 에너지가 완전히 쉬는 것이 숙면이라면, 분수처럼 활짝 피어오르는 것이 바로 몰입일 것이다. 토끼가 부지런히 먹이 활동을 할 때나, 맹수가 먹이를 향해 돌진할 때처럼 몰입은 목표를 달성하기 위한 정신적 육체적 집중과 노력 상태를 의미한다. 막상 몰입했을 때는 고도의 집중상태에서 대상만이 존재하고 자기라는 존재를 알아차릴 수 없기도 하다. 게임을 하는 아이의 몰입도 그렇지만, 몰입의 가장 극적인 모습은 무당과 같은 종교인의 엑스터시일 것이다. 신과 혹은 신 안에서 합일을 경험하며 희열을 느끼지만 막상 자기의 경계가 어디까지인지 알 수 없다. 하지만 몰입은 놀라운 효과를 나타낸다. 바로 인격 변화다. 기존의 고립적이고 작은 개인이 아니라 좀 더 넓고 포괄적인 개인으로 변화된다.

그것은 몰입이 주는 여러 결과 중 하나일 것이다. 우선 몰입은 목표로 삼은 것을 성취함으로써 희열과 안정을 느끼게 한다. 더불어 나 아닌 대상을 추구하면서 나의 의식과 생활 영역을 확장시킨다. 삶의 양적인 측면이 아니라 질적인 측면의 경험을 통해 좀 더 가치 있고 의미 있는 삶에 대한 감각을 길러준다. 몰입은 그러므로 충만하고 생기 있는 삶을 가능하게 한다. 자기에 대해 긍정하게 되고 긍정과 몰입이 가져다 준 희열과 성취의 기쁨은 몰입한 대상 외의 것에 대해서도 낙관하게 하고 호의적 관계를 맺게 한다. 한마디로 몰입은 존재가 성장하고 성숙하기 위한 경험의 징검다리인 것이다. 그러므로 제대로 몰입한 사람은 자기에 대해 확신하고 자기 욕구에 최대한 충실하려고 노력한다. 그러면서 남에게 너그럽다.

반면 몰입을 꾸준히 방해받거나 몰입해 본 경험이 없는 사람은 자기에 대한 확신이 부족하다. 대개 자기 감각과 판단에 대한 확신이 없으므로 권위와 외부에 의존하여 문제를 해결하려고 한다. 주체적으로 삶을 살기보다 소외된 상태로 외부의 가치와 흐름을 따라가려고 한다. 나는 근대교육이 평등의 이상에도 불구하고 몰입을 원천적으로 차단하는 구조로 짜임으로써 무력하고 무식한 개인을 양산하는 공장으로 전락하였다고 생각한다. 램수면을 방해하는 고문실처럼 몰두를 방해하는 교실은 일종의 고문실을 닮은 것은 아닌가? 의무교육이 가장 잘 실현되었던 나라 중 하나인 독일이나 일본 같은 파시즘 국가들을 보면, 평등을 빌미로 국가가 국가의 명령에 순종하는 개인을 주조하는 기관으로서 학교를 운영하였음을 발견하게 된다. 유태인 학살자의 전형인 아이히만은 어쩌면 너무도 평범하게 시스템 속에 길러진 인간인 것이다. 몰입을 통해 자기충족적 인간이 되었더라면 쉽게 시스템에 복종하기는 어려웠을 것이다.

몰입 경험이야말로 인간을 성장시킨다. 그리고 주체의 자유로운 몰입이야말로 진정한 학습 방법이다. 삶의 행복을 증진시키는 것도 몰입이고, 자유와 책임의 영역을 강화시키는 것도 몰입이다. 삶을 질적으로 완성하는 것이 몰입이고, 인간의 존엄성을 발견할 수 있는 장소도 바로 몰입이다. 몰입을 통해 우리는 참된 주체가 되고 가치를 느낀다.

몰입을 위해

몰입을 교육에 적용하기 위해서는 근대교육의 커리큘럼과 시간표를 해체하거나 최대한 유동적으로 조정할 수 있어야 한다. 주체는 고유한 리듬과 관심과 과제의 난이도에 따라 몰입할 충분한 시간을 부여받아야 한다. 흠뻑 젖는다는 말처럼 완전히 대상에 몰두하고 해소할 수 있는 시간이 주어져야 한다. 그래야 질적 변화가 이루어진다. 아이의 과제와 관심을 알기 위해서 교사는 아이를 깊이 관찰하고 적절하게 도와야 한다. 루소(Jean-Jacques Rousseau, 프랑스, 1712-1778)의 『에밀』에서 에밀이 처음엔 자연 속에서 욕구하고 관심이 가는 대로 몰입한 뒤, 사물의 세계에서 경험을 쌓아 나가고 점차 문화의 영역으로 확대해 갔듯이, 하나의 몰입 체험이 충분히 이루어지면 욕망은 해소되고 관심은 점차 고차원적인 영역으로 확대되어 간다. 교육은 곧 체험의 심화와 확대이기도 한데, 개인마다 다른 몰입의 징검 다리를 한 발 한 발 딛고 나아가는 것이다.

＼ 하지만 자칫 신자유주의 시대의 시장 자유주의처럼 몰입을 통해 드러나는 개성화와 창의성, 그리고 다양성이 왜곡될 수도 있다. 물론 성장이나 성숙은 단지 개인의 이기적인 욕망을 충족시키는 일이 아니다. 사회적으로 책임 있는 존재가 되는 것이다. 하지만 염려할 바는 아니라고 생각한다. 우리가 시장의 경쟁 원리를 우리 생활에

도입하고 강요하지만 않는다면, 인간은 사회적 동물이기 때문에 기본적으로 또래 집단이나 가족, 이성 등과 좋은 관계를 맺으려고 한다. 관계가 몰입의 대상이 되어 점차 공감하는 능력을 기르게 되고, 관계의 법칙을 습득하게 된다. 그러니 우리는 지나치게 또래집단이나 이성의 만남을 가로막아서는 안 된다. 그것이 오히려 호혜적 관계를 차단한다. 사람끼리의 만남이 음지에서 왜곡되지 않고 양지에서 자유롭게 이루어질 수 있도록 환경을 조성해야 한다.

빌헬름 라이히(Willhelm Reich, 오, 1897-1957)가 청소년의 성적 자유를 주장하고, 니일이 섬머스쿨에서 청소년의 성적 권리를 인정했던 것도 이런 맥락에서 봐야 한다. 발달심리학이나 게슈탈트 심리학에서 개인의 욕망을 긍정하고 그것이 해결되도록 귀 기울이는 것도 발달과 성장에 따라 개인이 몰입하고 해결해야 할 과제가 다르고 그것을 억압하지 않고 성취하게 도움으로써 건강한 개인과 사회를 이룰 수 있다고 믿었기 때문이다.

뭐든 두 번 세 번 거듭 되물어 보자. 국어, 영어, 수학이 정말 필요한가? 모든 과목을 골고루 잘 해야 하는가? 학교를 나와야 사람이 되는가? 반드시 교사는 필요한가?

아이에게는 아이의 삶이 있다. 아이의 삶도 존중받아 마땅하다. 누릴 권리가 있다. 아이들은 저마다 해야 할 것이 있고 하고 싶은 것이 있음을 잊지 말아야 한다. 지금의 아이들이 뭘 해야 할지 모르는 것은 그만큼 가정과 학교가 아이가 자기의 욕구에 충실하게 몰입하고 성취할 수 있는 체험을 빼앗았기 때문이다. 교육에서 아이들이 소외되었기 때문이다.

몰입이야말로 교육에서 가장 중요한 권리이다. 과목을 배울 권리보다 아동이 자유롭게 몰입할 권리가 더 본질적이다. 배움과 학습이 곧 몰입 안에 있기 때문이다. 아이를 보자. 아이가 몰입할 자유를 주자.

폐교에 붙이는 조사

> 시골에 내려오니 마을마다 폐교가 더 눈에 띈다. 내가 사는 면엔 예전에는 고등학교까지 있었지만 지금은 초등학교도 하나 없다. 우리 마을의 초등학교는 표고버섯 재배장이 되었다. 폐교를 볼 때마다 나는 아프다. 역사가 아프고 마을이 아프고 사람이 아프다. 그리고 무섭다. 학교가.

학교의 죽음

한때는 이 커다란 느티나무 아래 술래잡기하는 아이들 웃음이 떠나지 않았다. 찌걱찌걱 그네 소리며 시소 방아 소리도 멈추지 않았다. 전쟁이 끝나고 서당을 대신해 시골 마을마다 세워진 학교에서는 아이들 웃음이 떠나지 않았다.

하지만 반세기 만에 학교는 텅 빈 건물이 되고 말았다. 근대화의 사명은 종결됐다.

학교란 그런 것이었던가? 『상록수』의 모델이었던 최용신처럼 일제시대 농촌계몽 운동의 꿈을 안고 시골 마을에 찾아가 강습소를 열었던 청년들의 꿈이 과연 이런 것이었을까? '아는 것이 힘이다, 배워야 산다.' 눈물 콧물 흘리며 선생님을 따라 외치던 그 아이들은 지금 모두 어디에 갔는가? 가난한 시절 마을마다 토지를 기증하고 학교를 세우던 사람들은 무엇을 꿈꾸었을까? '말은 제주로 사람은 서울로'의 속담처럼, 고작 사랑하는 아이들을 서울로 보내기 위해서였을까? 그리고 시골은 마치 서울에 부적응하거나 낙오된 사람만 남는 곳인 듯 취급받는 텅 빈 곳이 되어 버렸다. 이것이 그들의 꿈은 아니었을 것이다. 오히려 그들은 홍성의 풀무학교처럼 지역에 뿌리를 내리고 자신의 지역을 풍요롭게 가꾸는 그런 꿈을 꾸며 학교를 세우지 않았을까? 하지만 그런 학교는 풀무학교 외엔 거의 떠오르지 않는다. 어쩌면 99%의 시골학교는 지역의 소망과 무관하게, 아니 입신출세의 소망만 접수한 채 오직 국가 주도의 근대화 프로그램에 충실히 복무한 것이 아닌가? 그렇다. 학교는 하나의 성공 신화 속으로 모든 아이들을 빨아들였고 경쟁에 살아남은 자와 살아남지 못한 자를 가려내는 선별소 역할을 했던 것이다.

가장 심각한 것은 학교가 만들어 낸 존재와 의식의 배반 현상이었다. 농촌에서 자란 아이들이 농촌의 문화에 대해 알지 못하고 도시를 선망하고 도시적 생각을 습득하게 되었다는 것이다. 학교는 그런 의미에서 전통과 지역공동체의 문화를 파괴하기 위한 근대국가의 전초기지였던 셈이다. 의도한 것은 아니지만 그것은 북미나 호주의 백인들이 원주민들을 잡아 기숙학교에 넣고 정체성을 바꾸고 정신과 관습 등 문화를 이식했던 기도와 놀랍게 닮아 있다. 차이가 있다면 우리의 학교는 마을마다 자발적으로 세운 학교이고, 북미와 호주의 학교는 식민 정부가 세우고 원주민을 강제로 입학시킨 학교라는 차이일 것이다.

나는 이렇게 아름다운 학교들이 근대화 과정 속에 아이들을 지역의 문화와 부모로부터 빼내 가는 도깨비 주머니 역할을 한 것이 가슴 아프다. 더구나 이것은 수많은 순수가, 그래서 맹목인 열정이 만들어 낸 합작품이 아닌가? 오직 너 하나만은 잘 가르쳐 사람답게 살게 하겠다는 부모의 열망이나, 한 자라도 더 가르쳐 아이들이 훌륭한 사람이 되도록 하겠다는 젊은 교사들의 꿈이 결합한 결과물인 것이다. 하지만 치열한 통찰과 자기 극복 노력 없이 결국 시스템이 지향하는 가치에 수렴되고 말았다는 점에서 우리는 학교를 믿어도 너무 믿었다. '존재를 배반한 의식', 이것이 엄연한 현실의 결과물이었던 것이다. 그런 의미에서 나는 가슴 아프지만 이 시대에 대해 맹목이라는 말을 쓴다.

하지만 너무도 조용하다, 농촌은 또 학교는. 태풍이 휩쓸고 지나간 듯. 그렇다, 보편주의라는 이름으로 근대학교가 태풍처럼 휩쓸고 갔다.

3·1운동 이후 일제 식민 당국의 문화정책의 일환으로 서당을 폐지하고 전국에 세워진 보통학교는 한국인의 정신과 문화를 개조

해 황국의 신민으로 키우는 것이 주된 목적이었다. 이 시기의 우리는 근대를 선취당한 일본에게 억눌리며, 열등과 패배감을 내면화하기도 하였다. 해방을 맞이했지만, 다시 전쟁까지 겪으며 이를 악물어야 했다. 헐벗고 굶주려도 아이들만은 행복하게 키워 보자! 참으로 단순한 욕망이었다. 거기엔 부모 시대의 못 배운 한과 행복에 대한 소망이 함께 담겨 있었다. 하지만 그 절박한 소망이 칼날이 되어 제 고향을 파헤치게 될 줄이야 아무도 예측하지 못했다. 그저 교육은 좋은 것이었기 때문이다. 그 결과 교육을 단지 피상적으로 생각했던 것이다. 지금도 교육은 좋은 것이고 가르치는 것은 보람 있는 일이라고 믿는다. 하지만 무엇을, 어떻게, 왜를 치열하게 묻는 사람은 거의 없다. 그냥 막연히 도태되지 않고 잘 살기 위해서라고 생각한다.

근대 학교의 사명

하지만 학교는 바로 근대의 가장 효율적인 전파기관이었다. 여기서 근대란 물론 서양의 근대학문이다. 학교에서 가르치는 지식과 세계관은 아이들에게 내면화되어, 아이들이 살아갈 세계를 구성했다. 거기엔 당시의 농촌 현실이나 전통문화는 존재하지 않았다. 오히려 이를 적대시했고 근대는 토착문화를 박멸해 나갔다.

사람에게는 환경도 중요하지만 환경을 바라보는 세계관이 중요한 법이다. 바로 그 세계관으로 자신의 인생을 선택하기 때문이다. 그런데 아이들이 학교에서 배운 세계관은 농촌의 지역과 전통의 지식에 대해서는 무지한, 서양의 차디찬 과학주의이고 이기적 자본주의이며 개인주의였다. 아이들이 학교에서 배운 언어와 세계에 농촌과 토착문화는 존재하지 않았고, 그런 것들은 오히려 후진과 미개, 그리고 미신의 이름으로 매도되었던 것이다. 학교를 졸업한 아이들이 고향을 버리고 도시로 떠나는 것은 너무도 당연했다. 전통과 현대의, 혹은 동양과 서양의 가치충돌로 빚어진 혼란조차 없었을 정도로 시대의 명령과 학교의 가르침은 절대적이었다.

우리나라 사람들이 가졌던 맹목에 가까운 교육열은 참으로 특이한 것이다. 우리에겐 여러 가지 이유가 있었다. 일제에 빼앗겼던 교육 주권을 우리 손으로 직접 행사하게 된 기쁨과, 지연된 근대로 인해 겪은 고난을 보상 받고자 하는 열망이 있었다. 그리고 보편주의와 능력주의를 퍼트린 과거제도로 인해 발전한 학벌주의, 거기에 전쟁을 통해 극한의 경험을 하고 치열한 생존경쟁이 있었다. 거기에 다시 되찾은 민족국가가 있었다. 서양의 민족국가들이 선취한 근대자본주의의 체제와 학문을 맹렬히 흡수하기 위한 최적의 조건이 구비되었던 것이다. 학교란 그런 곳이었다. 그래서 당시 유행하는 말이 '개천에서 용났다'는 말이었다. 가난을 극복하며 공부해 사시에

패스하거나 서울대학교에 입학하게 된 이야기는 그 무렵 가장 흔한 기사 중 하나였다. 이 시대의 특수성을 무시할 수는 없을 것이다.

학교에서 가르친 교과서의 내용은 오직 서구식 근대화의 결과물이었다. 거기엔 과학주의가 있었고, 자본주의와 민주주의를 근간으로 한 서구 중심주의가 있었고, 진보사관이 있었다. 꽉 짜인 커리큘럼과 시험은 자기 관심에 집중하며 자기를 발견하는 시간을 빼앗아가는 대신, 각 과목의 지식을 절대시하고 상호경쟁에 의해 우열을 가리는 평가에 몰두하도록 하였다. 미래 직업은 물론 분업화된 서양의 전문직들을 이상으로 하는 것이었고, 도시적 삶에 적합한 직업일 수밖에 없었다. 조선시대 장원급제처럼 공부에 의한 성공 신화는 확고했다. 오직 공부만이 중요한 것이 되었고, 전 가족과 마을은 공부를 위해 다른 모든 것을 기꺼이 희생할 각오가 되어 있었다. 물론 그런 공부가 본래의 공부에서 한참 이탈한 것임을 눈치 채는 사람도 별로 없었다. 조선시대와 마찬가지로 대부분의 사람은 공부를 시험을 통과해 성공하기 위한 수단으로 했던 것이다.

대학을 졸업한 전문가들이 가진 독점적 지위와 권위는 이렇게 해서 확고부동한 것이 되었다. 제도권 교육의 정립과 학교의 교육 독점은 다양한 지식과 세계관은 물론 다양한 삶의 유형들을 소멸시킴으로써 근대의 프로그램을 완성하게 되었다. 전통적 직업과 지식은 풍전등화의 위기에 처해지고, 전문가의 인증을 받지 않은 전통적 지식과 다양한 기술, 그리고 세계관은 비면허, 무허가, 불법, 미신으로 매도되었다. 학교 교과서에 의해 유포된 전문가의 지식이 유일의 표준이 되면서 다른 모든 지식은 사장되었다.

그러므로 학교에서 공부를 잘 한다는 것은 서구식 사유와 가치관에 익숙하고, 서구화된 사회에서 우위를 점할 수 있는 조건을 갖춘다는 말이며, 소위 전문가 집단의 일원이 될 가능성이 있다는 것을 의미할 뿐이다. 시골에서 서울로 그리고 다시 본토인 미국으로 유학을 가는 것이 전문가의 왕도였다. 자신의 전문 영역 외에는 전혀 무지한 전문가. 그가 다시 지식의 독점적 권력을 맘껏 휘두르며 근대화의 사명을 안고 귀국하는 것이었다.

서구형 전문가가 된 이 아이가 농촌을 배반하는 것은 너무도 당연한 일이 아닌가? 문제는 교육에 대한 열정이 아니었던 것이다. 오히려 열정이 너무 과해 제대로 방향을 잡지 못했던 것이다. 교육에서 중요한 것은 방향과 원칙이다. 만약 정상적인 사회라면 가족과 지역사회와 삶을 위협하는 학교와 교육을 누가 지지하겠는가? 학교와 교육은 가족과 지역사회와 삶을 담아야 하는 것이 기본이다. 교육이 기존 사회와 삶의 지속성에 기여하지 못하는 것이라면 그런 교육은 마땅히 재고되어야 할 것이다. 이것이 지역에 위치한 지역 학교의 기본 요건일 것이다. 하지만 우리의 근대학교는 그런 의식이 거의 없었다. 오직 일제에 대한 패배감으로 강박적 근대 추구와 열등의식이 지배했기 때문이다. 안타깝고 불행한 일이다. 너무나 급속하고 성급한 근대화로 소중한 지역과 전통의 지식과 문화를 급속히 폐기하거나 잃어버리고 이탈했기 때문이다.

아이들이 학교에 감으로써 제가 살고 있는 고장의 토착적 삶이 아닌 도시적 삶을 배우고 도시적 정체성을 습득한 뒤, 학교를 졸업하며 고향을 버리는 것은 이미 예정된 절차였다. 학교를 나오면서 유식해지는 것이 아니라 오히려 토착의 자연과 문화와 전통에 대해 완전히 무식해지는 것도 너무나 당연한 것이었다. 그렇기 때문에 학교를 나온 무식한 전문가가 나오기도 하고, 학교를 나오지 않은 유식한 문외한이 나올 수 있는 것이다.

학교의 눈물

하지만 이런 일은 지금도 계속되고 있다. 그나마 남은 시골 학교 중 선생님이 그 마을에 살고 마을의 문화와 미래에 대해 고민하고 있는 경우란 거의 없다. 학교란 마을과 이미 무관한 것이다. 교사들 대부분이 도시에서 자가용 출퇴근을 한다. 교사는 교과서의 교사이지 지역의 교사가 아니다. 때문에 교사는 아이들에게 도시적 삶의 모델이 될 뿐이다. 학교란 여전히 토착의 공동체 문화를 붕괴시키는 가장 빠른 방법일 수밖에 없는 것이다.

마을마다 학교가 있던 행복한 시절이 있었다. 하지만 학교란 당시에도 이미 근대가 파견한 선교사(교사)의 선교원으로서 마을의 토착문화를 병들게 하는 암과 같은 것이었다. 그것이 도시지향적이고 중앙집중적이었다는 점에서, 학교도 조선의 마을마다 있었던 서당의 근본적 한계를 뛰어넘지 못한 것이다. 그리하여 시골은 날이 갈수록 도시의 주변부가 되었다. 시골이 가난하고 소외된 이유는 자본주의의 구조적 모순과 정부의 정책적 요인도 있지만, 스스로 학교를 세워 지식과 가치를 빼앗기고 도시의 주변부로 전락한 지역의 한계도 있었던 것이다.

한때 우리 사회에서는 평생을 풀빵 장사나 폐품 수집으로 성실하게 살며 돈을 모았다가 돌아가시며 유산을 유명 대학 재단이나 학교에 기증하는 미담이 자주 나오던 시절이 있었다. 아, 한국의 순진한 민중에게 교육이란 이처럼 달콤한 중독인 것이다. 그 노인들의 순수한 열정과 소망, 그리고 한을 생각하면 가슴이 미어진다. 이들의 소박한 사고에 교육은 당연히 마냥 좋은 것이었다. 하지만 교육은 또한 무서운 독이 될 수도 있는 것이다. 때론 밥이나 음식도 지나치게 탐할 땐 그것이 독이 되는 것과 마찬가지다. 학교가 은연중 지향하는 전문가에 의해 독점과 권력화한 지식의 횡포를 알게 된다면 이들이 과연 선뜻 돈을 맡길 수 있었을까? 또 학교 운영자들이 그분들의 소박한 소망을 진심으로 느낀다면 과연 그 돈을 선뜻 받을 수 있었을까? 진리의 상아탑은 결코 현실을 반영하지 못한다. 하지만 노인들은 아이들의 맑은 눈빛 속에 모두가 행복하게 사는 미래의 희망을 담고 싶었을 것이다.

계몽의 이름으로 학교가 제국주의 시절 기독교의 선교사들과 유사한 일을 했다는 것은 아이러니한 일이다. 자생적 학교가 철저히 토착과 자립, 자생을 목표로 하고 있지 않다면, 그것은 대부분 토착 공동체의 전통과 문화를 해체하고, 농촌을 도시에 의존하며 값싼 노동력과 자원을 제공하는 주변부로 전락하게 하는 전위가 될 수밖에 없다.

선의는 넘치지만 세상을 꿰뚫어보는 혜안을 가진 이들은 거의 없다. 마을마다 넘치는 폐교는 많지만, 그것의 역할을 내다보고 지역공동체를 지키고 새로운 방식을 실험하는 공간으로 자리 잡은 곳도 아예 없었다. 풀무학교 같은 곳이 이런 의식을 가졌을 뿐이다. 정말 이 땅엔 아직 토착의 자연과 문화에 기반한, 지역 공동체에 적합한 자생적 학교가 있어 본 적이 없다.

오늘도 시골의 어느 분교는 문을 닫을 것이다. 안타깝다. 이 아름답고 소중한 것들이 결국 99.9% 용도 변경을 하며 연명하다 사라질 것이다.

3부 새로 꾸는 꿈

세상 모든 들판을

세상 모든 들판을 날아
눈비 날리는 들판을 날아
햇살 날리는 들판을 날아
아침부터 날아

눈 맞은 뜰팡 매화 가지에도
밭둑 쬐그만 아기별꽃에도
서리 맞은 산자락 쑥부쟁이에도
저녁까지 날아

아침에 막 핀 나팔꽃
하얀 꿀 뚝뚝 떨어지는 아카시아
늦가을 마른 국화
세상의 꽃이란 꽃은 모두 찾아

날아 미친 듯 날아
꽃에 미친 듯
햇살에 미친 듯

바보처럼 천치처럼
제 몸의 술통에 꿀을 빚고
순백의 밀랍방에
그득그득 채우는

벌처럼 날아
세상 모든 들판을
우리는 날아

생활이 학교다

❝ 학교를 졸업하면 시험만 잘 봤지 아무것도 할 줄 모르는 바보가 된다. 시험 공부 하나로 만사 오케이였다. 밥하고 빨래하고 청소하는 것은 시간낭비로 여겼다. 내가 그랬다. 하지만 교사가 되고 보니 내 삶이 얼마나 건조하고, 내가 생활에 대해 전혀 모른다는 것을 발견하고 놀랐다. ❞

생활

문제는 삶이고 생활이다.

　개인의 삶은 매일의 생활을 통해 유지되고 실현된다. 생활은 개인이 자연과 사회적 환경 속에서 삶을 유지하기 위해 하는 주체적 활동 과정 모두를 아우른다. 거기에는 정신, 정서, 육체, 물질 등 모든 차원이 포함된다. 개인은 생활을 통해 환경과 최대한으로 유기적 관계를 만들어 간다. 생활이 풍부하다는 것은 곧 개인이 주체의 역량을 발휘해 환경과 맺는 유기적 관계가 복잡하고 다양하다는 것을 의미한다. 그리고 관계의 복잡성과 다양성은 곧 삶의 의미를 구성한다. 삶의 의미와 보람은 개인과 환경이 맺는 상호적 관계와 기여에서 찾을 수 있다.

그러나 생활은 없고 생계만 있는 경우도 있다. 생계의 위협을 느낄 때 우리는 삶을 음미하고 의미를 추구할 수 없다. 그야말로 생존 자체가 해결해야 할 제1과제가 되기 때문이다. 하지만 생계 문제가 해결되더라도 건강한 삶이 아닌 병든 삶을 살 수 있고, 생기 있는 삶이 아닌 건조한 삶을 살 수도 있다. 건강과 생기란 아무래도 주체의 활력과 관계된 것인데, 환경에 종속되지 않고 주체의 역량을 환경안에서 자유롭게 발휘해 나갈 때 가능할 것이다.

하지만 그 어느 시대보다 물질적으로 풍요로운 현대에 오히려 우리는 생활의 건강함을 잃어버리고 있지 않나 싶다. 그것은 아무래도 세계 자본주의체제의 사회 환경에 우리가 완전히 종속된 탓이 아닐까? 자연의 구속으로부터 상대적으로 자유로워진 것을 떠올리면, 참으로 아이러니한 일이다.

현대인의 생활

우리의 생활 풍경을 보자. 현대인의 생활은 국가와 자본주의적 환경에 결정적인 지배를 받고 있다. 전통적으로 계승되었던 자급자족적 삶의 영역이 점차 축소되고 고도로 의존적인 삶을 살게 되었다. 그것은 기계적 이성주의가 모든 영역에 도입되면서 벌어진 일이다. 국가기구를 정점으로 한 정치 영역과 산업 자본주의를 중심으로 한 경제 영역이 개인과 지역의 생활 영역을 모두 감싸 버렸다. 더구나 경제를 컨트롤해야 하는 정치의 역할이 점차 후퇴하고 경제에 대한 보조 역할에 머물면서 생활의 경제화, 곧 생활의 자본주의화 문제가 전면에 등장하게 되었다. 개인 생활의 대부분이 생산과 소비 활동으로 단순화되고, 생활 공간은 점차 자본주의 상품 시장으로 식민지화되었다.

주위를 둘러보라. 보이는 모든 것이 돈으로 구입한 것들이다. 생활 환경을 가득 채우고 있는 것은 상품들이다. 집 자체는 물론 가구, 전자제품 등의 세세한 살림살이 품목, 나아가 음악, 영화, 책 등 개인의 문화생활을 채우는 것도 온통 소비 상품이다. 도대체 내가 관여하고 직접 만든 것이 없다. 모든 것이 돈으로 구입한 것들뿐이다. 그러므로 우리가 느끼는 가장 큰 쾌락은 차라리 대형 할인 마트에서 쇼핑카트를 밀며 물건을 고르는 소비의 짜릿한 순간인 듯하다. 지불 능력이 있다는 것은 내가 괜찮은 존재라는 만족감을 준다. 또한 우리는 소유물의 양과 질로 행복을 평가하기도 한다. 소유가 점차 필요를 넘어 계급 과시의 수단으로 진화하고 있다. 집에서 우리가 하는 일이란 구입한 상품을 선택하고 배치하고 소모하는 것이고, 생활은 상품의 편리를 누리는 것이 되어 버렸다. 이제 주체적으로 무엇을 만들고 가꾼다는 것이 몹시 낯설다. 소비 상품에 대한 의존도가 높아지면서 주체의 자립과 창조적 능력은 점차 쇠퇴하였다. 이것이 생활의 식민화된 모습이다. 가정은 물질적으로 풍요롭지만 정서적으로나 정신적으로는 빈곤하다. 자본주의 사회에 가정은 노동을 위한 휴식 공간이 되어 버렸고, 생활은 소비와 소비를 위한 노동으로 단순화되었다.

이렇게 외부에 지나치게 의존하다 보니 우리는 점차 주체의 축소와 불안, 그리고 생활의 건조를 경험하고 있다. 주체가 행사하는 자유가 고작 소비의 자유로 전락하니 개인과 환경의 유기성도 떨어지고, 주체는 고유성과 의미를 상실하게 되었다. 주체는 잠재적 무력감에 시달리며, 불안에 사로잡혀 있다. 환경 위기와 함께 주체의 위기도 발생한 것이다.

전통적 가정

전통사회에서는 일상생활이 곧 교육이다. 생활은 밥상에서 시작해서 논과 밭, 마당의 텃밭과 화단, 생활에 필요한 도구, 먹거리, 옷 등 거의 모든 것을 일일이 주체가 나서서 해결해야 했다. 일과 살림이 멀지 않았다. 이렇게 살림살이가 살아 있을 때는 그것이 곧 가정 경제였다. 농사를 짓고 집안을 가꾸는 등 생활의 모든 과정이 살림의 대상이었고, 생활 속에서 교육이 저절로 이루어졌다. 교육이라

이름 붙이기 전에 교육이 이루어지는 이것이야말로 진정한 생활 교육이라고 부를 수 있을 것이다. 삶에 필요한 거의 모든 것을 아이들은 집에서 부모와 조부모를 통해 배웠다. 즉 일과 살림을 배워 살았던 것이다. 일과 살림이야말로 생활의 내용이고 주체가 환경 안에 조화롭게 살아가는 방식이었다. 그것은 삶으로부터 유리되고 분화된 현대 교육이 닮을 수 없는 것이다. 교육과 삶이 통합된 유기적 교육이며, 교육을 넘어선 교육이기 때문이다.

어린 아이도 가정의 일과 살림에 참여했다. 가급적 능력에 맞게 또 도전과제가 되고 책임 가능한 범위에서 배려받았고, 아이는 가정에 기여할 수 있었다. 형과 부모와 조부모, 그리고 이웃이 선생이었다. 그 결과 아이는 가정과 지역사회 안에서 성장하면서 자연스럽게 자신의 주체적 힘을 기르고 발휘하고 성취할 수 있게 되었다. 가정생활을 중심으로 점차 이웃과 사회, 그리고 자연으로 확대하여 관계를 맺고 충만한 삶을 살 수 있었다. 집은 곧 가족을 의미했고 삶을 의미했다. 집집마다 그 자체가 가족의 특성과 창조성을 반영했다. 부지런하고 행복한 집은 가난하더라도 살림부터 다르게 보였다. 사물 하나하나가 사람과 밀접한 관계가 있는 특별한 것이기 때문에 단순한 물건들이 아니었다. 의미 있고 소중한 것으로 생명처럼 다루어지기도 하였다. 실제로 모든 것들에 생명이 깃들어 있다고 생각했다. 그린 사회에서 낭비와 쓰레기는 불가능했다.

서로 존중하는 관계 속에서 절차와 방식이 자리 잡게 되는 것은 당연하다. 자연과 관계된 유기적 문화는 절기와 풍속으로 자리잡게 되었다. 그리고 그것을 지키며 살아가는 것이 곧 교육과정이 되기도 하였다. 생활은 가정에서 출발해 사회와 자연에 완전히 유기적으로 통합되어 있었다. 그런 의미에서 전통 생활은 물질적으로 적게 소유할지언정 풍요로운 사회라 부를 수 있다. 생활 안에서 모든 것이 가능했기 때문이다. 생활이 곧 학교와 직장과 사회, 문화를 모두 아우르는 종합 공간이었고, 생활이 곧 예술이었다. 그런데 이런 생활 공간이 근대화를 겪으면서 급속히 식민화되고 황폐화된 것이다.

현대 가정

요즘 아이들은 집이 아니라 학교에서 배운다. 아이들이 배우지 않고도 아는 것이 있다. 바로 돈을 벌어야 산다는 사실이다. 아이들은 일찌감치 부모의 삶을 보면서 이 사실을 알아차렸다. 가정은 더 이상 아이들에게 전해줄 일과 살림이 없다. 가정생활이 소비생활이 되었기 때문이다. 부모가 돈을 벌기 위해 노력하는 것은 곧 소비생활을 누리고 유지하기 위해서다. 교육도 소비 활동의 일부가 되었다. 학교와 학원, 각종 프로그램을 구매한다. 가정의 보호막은 극히 얇다. 오직 돈을 벌고 소비하는 부모의 행위에 의해 가정이 유지되는 상황에서 외부의 영향력은 절대적이다. 가정은 더 이상 의식주의 자립적 생활에 필요한 지식을 배우고 연습하는 곳이 아니다. 현대 가정은 과거 전통적 가정이 가졌던 기능을 대부분 포기했기 때문이다. 수천 년 내려온 지식과 생활양식은 물론 자연과 인간이 올바르게 관계 맺는 방식, 그리고 삶의 주인으로 살아가는 방법을 전해주지 않는다. 전해줄 생활과 삶의 양식이 없어지면서 가정은 점차 무의미한 공간이 되어 가고 있다. 물건은 넘치지만 모두 주체의 삶을 충만하게 채우는 것들이 아니다. 건조해지고 공허해졌다. 그렇기 때문에 현대의 아동은 가정에서 학교로 성급히 쫓겨난다. 일찌감치 생존경쟁에 적응해 살도록 교육받기 위해서다.

부모와 아이들은 직장과 학교에서 하루의 대부분을 보내고 휴식을 위해 집에서 만난다. 집에서 이 시간은 먹고 자고, 잠시 기분 전환하는 시간이다. 심지어 '집에 다녀오겠습니다'라는 말이 나올 정도다. 이 말은 부모나 아이들에게나 모두 마찬가지다. 아이들의 교육을 학교에서 독점하니 부모는 학교가 아이들에게 무엇을 가르치고, 학교에서 어떤 일이 벌어지는지 알지 못한다. 오로지 사회에 적응시키기 위해 학교에 보낼 뿐이다. 진정한 인간이 되기 위해 학교에 가는 것이 아니다. 부모처럼 안정적 직장을 얻어 돈을 벌고 그것으로 지금 같은 혹은 지금보다 낫다고 여겨지는 가정생활을 누리기 위해 학교에 간다. 직장이나 학교나 가정을 관통하고 있는 것은 생존경쟁이라는 천박한 자본주의 논리이다. 무한경쟁을 조장하고 개인의 능력을 돈과 지위로 평가하며, 오직 돈에 의해 행복과 미래의 안정을 보장받고자 한다. 소위 직장—학교—가정의 자본제적 삼위일체가 작동하고 있다.

생활의 결심

그렇다면 우리가 가장 먼저 회복해야 할 것은 무엇일까? 우선 삶의 자기 결정권 회복이다. 내 삶을 내 가치관과 관심에 따라 내가 선택할 수 있어야 한다. 돈벌이가 삶의 목적이 되는 순간 우리는 본말전도의 상황에 처하게 된다. 삶을 위해 돈을 버는 것이 아니라 돈을 벌기 위해 사는 인생이 되는 것이다. 동시에 삶은 생계 차원으로 전락한다. 돈은 결코 수단 이상이 될 수 없는 것이다. 진정 내가 좋아하고 의미 있는 삶을 사는 것이 제1의 목적이 되어야 한다. 즉 삶과 생활이 돈보다 중요한 것이다. 삶이 생활을 통해 실현되는 것처럼, 생활은 삶의 가치와 철학을 반영한다. 자신의 생활을 자기 식대로 가꾸고 창조해 나갈 수 있는 여건을 마련하는 것이 중요하다. 하지만 지금처럼 삶이 완전히 자본에 의해 식민화된 상황에서 삶의 독립 운동이 과연 가능할까?

당장 현실을 둘러보면 한숨이 나온다. 개인은 세계 자본주의 시스템 안에서 너무나 무력해 보인다. 하지만 삶의 자기 결정권을 회복하는 일은 의외로 쉬운 일부터 시작할 수도 있다. 바로 각성하는 일이다. 자기의 상황을 진단하고, 주체의 자기 결정권과 삶에 대한 통제력을 발휘하는 노력을 해 나가면 된다. 완전한 해결을 가정하는 것이 아니라 과정으로서의 삶 안에서 점차 주체의 역량을 실현해 나가는 일이 필요하다. 이것은 삶 자체가 식민화된 생활을 벗어 버리고, 주체의 일과 살림을 회복하여 생활을 되살려 나가는 과정을 의미한다. 보기에 따라 어려울 수도 있고 쉬울 수도 있다. 변화를 위해 오직 필요한 것은 미래에 대한 불필요한 두려움을 버리는 일이다. 불안과 두려움을 버리고 결단을 하면, 그 결정의 마음이 매일매일 꾸준히 자신의 삶에 반영되어 생활이 변화하기 시작할 것이다. 상품 소비에 빼앗긴 생활의 내용을 하나하나 찾아오는 일은 생활에 창조적 생명을 불어넣고 의미를 회복하는 일이 될 것이다. 생활 안에 살림과 일은 물론 예술과 교육도 하나하나 찾아와 통합하기 시작할 것이다.

자본의 시장에 자기를 더 이상 팔지 말 것! 자기를 팔 것을 거부함으로써 우리는 삶과 사회에 옳지 않은 것을 거부하고 옳은 것을 실천할 수 있는 적극적인 힘을 얻을 수 있다. 돈에 대한 근심과 두려움을 떨친다면 꿀릴 것이 없다. 전엔 가정을 지키기 위해 자기를 팔고 돈을 번다는 변명이 통했지만, 생활의 거점으로서 기본 생계를 보장하는 가족 중심의 자급자족이 이루어진다면 자기를 팔지 않고도 돌아갈 집이 있게 된다. 살림과 일이 회복되기 때문이다. 그렇게 개인과 가정이 살림과 일을 생활 안에서 회복해 간다면, 당연히 남과도 대등하고 자유로운 관계를 만들어 갈 수 있을 것이다. 자신의 존엄성을 지키면서 양심에 따라 사회 활동을 하고, 남의 존엄성도 지켜주는 방향으로 관계를 조정해 갈 수 있다. 내가 존재하기 위해서라도 자연과 대등하고 유기적인 관계를 맺어 나갈 것이다.

생활학교

주체의 생활을 소중히 여긴다면 소비적 도시 문명과 가치관에 아이가 끌려가도록 놔두지 않을 것이다. 아이에게도 더 이상 돈을 위한 이기심과 경쟁의 불안, 그리고 승리의 오만을 부추기지 않아도 된다. 자기 권리를 타인에게 양도하지 않기 때문에 아이의 교육을 학교에 맡기지 않을 것이다. 왜냐하면 교육이란 삶의 교육, 생활의 교육이기 때문이다. 이것이 생활학교다. 주체의 유기적 성장을 가능케 하는 생활학교를 포기하고 어떻게 아이를 가르칠 수 있단 말인가? 생활학교는 부모의 바른 생각과 바른 생활에서 자연스럽게 싹트고 이루어진다.

생활이 학교다. 생활학교는 부모로부터 시작한다. 부모와 아이의 가정생활이 곧 학교다. 가정생활의 살림과 일이 곧 삶의 과목이다. 생활 속에 가르치고 배우고 창조하고 교섭하며 감동이 이루어진다. 그것은 무한한 창조놀이이며 실용노동이다. 그러려면 당연히 부모 자신이 기존의 병든 생활, 건조한 생활을 버리고, 건강하고 생기 있는 생활을 되찾아야 한다. 부모부터 삶의 자기 결정권을 발휘해 살아나가야 한다. 이렇게 자유와 자립을 확립하는 생활의 풍토 속에서 생활은 건강해지고 행복이 꽃피게 된다. 사회는 물론 자연과도 바른 관계를 회복하게 된다. 반면 부모가 자립의 두려움을 떨치지 못하고 자기결정권을 발휘하지 못한다면 생활학교는 불가능하다.

생활학교는 삶 자체를 학교로 삼는다. 가정생활을 중요시한다는 점에서 홈스쿨링과 비슷한 것 같지만 다르다. 제도권 교육이 아닌 집에서 하는 교육이라는 점에서는 비슷하지만, 생활학교는 부모의 반성과 자립을 전제로 한 건강한 생활 운동이며, 그 안에서 생활에 필요한 모든 것을 교육의 내용으로 삼는다. 홈스쿨링이 제도권 교육을 가정에 투사한 모습이라면 생활학교는 제도권 교육을 거부한 모습이다. 삶이 학교이고 생활이 과목이기 때문에 생활학교는 가르침이나 배움의 강박이 존재하지 않는다. 생활 속에서 아동을 존중하고 아동의 발달과 관심, 능력을 최대한 고려하기 때문에 아동에게 가장 적합하고 호의적인 교육을 할 수 있다. 철저히 주체의 삶에 대해 관심을 기울일 뿐이다.

그렇다. 교육은 아이들의 문제가 아니라 우리 모두의 문제다. 삶을 위한 교육을 회복하기 위해서라도 생활을 회복해야 한다. '삶 따로 교육 따로'인 지금의 교육을 치유하기 위해서라도.

반교육의 시작

> " 학교를 떠나며 제일 아쉬운 것은 아이들을 자유롭게 만나지 못한다는 점이
> 다. 하지만 나는 교육을 포기한 것이 아니다. 우리 모두가 평등한 삶 자체가
> 교육이 되어야 한다고 생각했고 그것을 실천하고 싶었을 뿐이다. "

반교육

나도 안다. '반교육'이라는 말이 오해의 소지가 많음을. 하지만 반교
육이 아이들에 대한 무관심과 포기를 의미하는 것은 아니다. 오히려
우리가 추구해야 할 교육의 궁극이 아이들의 존엄성을 인식하고 아
이들의 자유와 생명력을 실현해 갈 수 있도록 돕는 일임을 동의한다
면, 그것을 위해 아이들의 자유와 생명력을 꺾는 잘못된 교육을 적
극적으로 반대하자는 의미에서 반교육을 말하는 것이다.

반교육의 대상은 우선 권력에 의해 행사되고 지지되는 제도권
교육을 향하고 있다. 학교가 아동에게 지식을 주입하고 평가에 의한
서열화를 통해 주체를 소외시키고 불평등한 사회의 차별을 내면화
하고 있기 때문이다. 전체주의적 발상에서 나온 교육과정이 저마다

관심과 개성이 다른 아이들의 자유로운 호기심과 집중력을 꺾어 버리는 일에 대해서 교사들도 너무나 무감각해져 마치 그것이 학교 본연의 기능처럼 되어 버린 상황을 방관해서는 안 된다. 반교육은 바로 교육의 주체가 되어야 할 아이가 대상화되고 결국 소외되는 것에 대한 문제의식에서 출발한다. 왜냐하면 우리 양심은 여전히 교육의 중심은 미래의 어른이 될 아이들이지, 결코 어른의 지식과 평가가 아니라고 말하기 때문이다.

그렇다면 학교를 떠나 교육 자체를 순수하게 사유할 때, 교육은 무엇일까? 그것은 아이를 낳고 키우는 부모의 마음에 기댈 것이다. 바로 사랑. 한 생명이 태어나 자유롭고 행복하게 자라도록 돕는 일이다. 그래서 우리는 교육을 가르침 대신 생명의 성장과 기쁨과 깨달음에서 찾을 수 있어야 한다. 교육은 가르침이라기보다 아이들 안에 생명이 자라고 아이들이 자라며 배우고 깨달아 가는 과정이다. 그러니 소위 교육 행위를 하는 사람은 연약한 생명을 위협하는 외압으로부터 생명을 보호하고 생명 스스로가 강해지며 적응할 수 있도록 돕기 위해 다양한 활동을 하게 된다.

그런데 왜 하필 학교에 자꾸 시비를 거는가. 왜 당신은 제도권 교육을 이렇게 삐딱하게 보는가 반문할지 모르겠다. 해마다 2, 3백 명의 아이들이 자살을 하고, 12시까지 학원가를 전전하는 아이들의 지친 눈빛을 보며 당신은 무슨 생각을 한단 말인가? 아직도 명문대

명문고의 이름 따위가 막강한 현실 속에서, 한국의 학교와 교육에 대해 근본적 회의를 하지 않는 게 오히려 섬뜩한 일이 아닐까?

물론 학교가 바뀐다고 모든 문제가 해결되지는 않을 것이다. 학교란 그저 사회의 꼭두각시일 뿐이기 때문이다. 무한한 이기적 욕망을 채우기 위한 무한경쟁의 약육강식 사회에서, 신자유주의 시대의 사회에 대해 말하지 않고 실천하지 않는 상태에서 바른 교육을 이야기하는 것은 이미 눈 가리고 아웅 하는 격이나 마찬가지다. 아이들은 이미 이상과 현실의 괴리와 이중성을 너무나 뼈저리게 알고, 미래에 대한 기대를 포기하고 있다. 그래서 나는 교육 문제를 학교의 문제로도, 또 아이들의 문제로도 보지 않는다. 교육의 문제는 사회의 문제이고 그보다 더 바로 내 삶 자체의 문제이기 때문이다.

나로부터

나는 교사든 학생이든 아니면 부모든 각자가 바른 삶을 살아가며 계속 배우며 성장하고 자기를 실현해 가는 과정이 교육이라고 생각한다. 즉 교육은 가르침이 아니라 삶을 통한 배움이며 깨달음이며 삶 자체인 것이다. 교육은 아이들만의 것이 아니라, 우리 모두의 평생의 자기 교육인 것이다. 이 무슨 낡아빠진 평생교육론이란 말인가? 아니다, 나는 그런 소시민의 자기 계발주의를 말하는 것이 아니다. 교육을 아이들의 문제로만 떠밀고 졸업과 함께 방기하듯 팽개친 우리들 자신의 배움의 기쁨을 회복하고, 비인간의 신자유주의 질서에 투항한 삶에 대한 참회로부터 우리들 자신의 교육권을 다시 되찾겠다는 선언이기도 한 것이다. 아이들을 잘 키우기 위해서이기도 하지만, 그래야만 우리가 우리의 과오를 고칠 수 있고, 잘못된 사회의 룰을 바꾸어 나갈 수 있기 때문이다. 아이들만 잘 가르치면 된다는 것은 우리 모두의 환상이다. 이것은 무책임한 교육이다. 아이의 자기교육을 돕는 일관되고 다양한 활동을 반대하는 것은 아니다. 다만 아이들의 버팀목이 되어주어야 할 우리 자신이 이미 소외되면서 잃었던 삶의 주체성을 회복하는 것으로 다시 시작하자는 것이다.

그래서 자기교육으로서의 교육은 수직적 위계를 필요로 하지 않는다. 교사와 학생, 어른과 아이라는 수직관계는 상호성보다는 위계의 관계로 권위 복종을 내면화하는 힘이 더 강하다. 대신 어른과 아이가 모두 삶의 연속적 과정으로서 자기교육을 바라보자. 교육은 곧 수평적 우애이다. 교사와 학생, 어른과 아이의 위계 의식보다 배움과 조화롭고 행복한 삶이라는 공통 목표를 지향하는 사람들의 관계로 인식할 때 배움은 이미 전혀 다른 것이다. 옳지 않은 사회에 복종하지 않고 자기 삶의 충실성을 위해 노력하고 만족한 삶을 영위하는 것, 그리고 나이 어린 친구들과 더불어 배우고 아름답고 조화로운 삶을 추구하는 것, 그것이 반교육의 교육이 지향하는 자기교육으로서의 삶인 것이다.

몽상이라도 좋다. 관념이요 궤변이라도 좋다. 내가 틀릴 수도 있다. 하지만 나는 나의 삶과 아이들의 삶이 서로 성장하며 짜이고 스미는 과정이 교육일 수밖에 없다고 생각한다.

나는 동그라미를 그린다. 동그라미는 작을 수도 있고 클 수도 있다. 하지만 누가 그리든 동그라미는 같은 동그라미일 것이다. 단순하고 소박하지만 결코 이 꿈이 무력한 것은 아니다.

지금 여기의 교육

> 66 명문대를 가는 것은 보험을 드는 것과 같다. 두려움 때문에 우리는 그런 보험들을 필요로 한다. 그래서 새로운 것을 감히 시작하지 못한다. 어른들이 그러는데 아이들은 오죽하겠는가? 내가 아이들에게 잘 하는 말이 있다. 하고 싶은 게 있으면 일단 저질러라. 뭐든 오래 하면 된다. 근심만 하지 마라. 99

지금 여기의 삶

과거는 지나갔다. 미래는 알 수 없다. 우리는 지금 여기 산다. '지금 여기의 삶'은 모든 문화에서 추구하는 진리의 표준이다. 예수가 말한 것은 믿다가 죽은 다음에 천국에 가라는 것이 아니라 지금 여기 우리 안에서 천국을 발견하고 서로 사랑하라는 것이다. 부처가 말한 것도 지금 여기의 삶에 필요치 않은 것을 추구하거나 매달리지 말라는 것이다. 부처는 생로병사의 원인을 집착에서 찾고 그런 인생이야말로 꿈이라고 말했다.

　나는 굶주려 죽을 지경에 이른 자가 도둑질을 하는 것은 도둑질이라고 생각하지 않는다. 빵 한 조각을 훔친 장발장이 죄인이라기보다 그가 그럴 수밖에 없도록 만든 사회가 범죄사회인 것이다. 도둑질은 독점에 의한 빈부차 때문에 탄생한 빈곤의 결과이다. 간디는 부자가 도둑을 만든다고 했다. 그러므로 도둑질을 없애기 위해서는 법 집행을 엄격히 하고 감옥을 많이 만들 것이 아니라 빈부의 차를 없애서 평등한 사회를 만드는 것이 바른 길이다. 한편 '악법도 법'이라고 말한 소크라테스의 말도 동의하지 않는다. 그것은 말장난이다. 악법은 법이 지녀야 할 정의를 갖추지 않은 점 때문에 이미 법이 아니다.

지금 여기에서 살자는 것은 어떤 편견이나 환영에도 빠지지 않고 나 자신 있는 그대로 살자는 말이기도 하다. 지금 여기의 요구를 무시하지 말고 긍정한다면 불행도 그렇게 불행한 일이 아니다. 병이나 실패, 혹은 죽음도 지금 여기의 것을 그대로 맞이하면 그조차 편안한 마음으로 맞이할 수 있다. 외로움과 권태 또한 원래 있는 것이 아니다. 우리가 지금 여기에 깨어 있으면 외로움도 권태도 사라진다.

하지만 현대인은 지금 여기의 삶을 몹시 부담스러워 한다. 안달날 정도로 권태롭고 외로워하며 견디지 못한다. 헛된 기억의 레코드를 돌리거나 미래에 대한 불안에 휩싸여 산다. 무엇인가 외부의 소비활동을 통해 존재의 의미를 확인해야 한다. 남들보다 나아지기 위해, 아니 최소한 남들과 같아지기 위해 몸부림친다. 과거와 미래가 뒤엉킨 콤플렉스 상황이 현대인이 처한 내면 풍경이다. 문제는 이런 자기소외에 대해 뾰족한 대책이 없다는 것이다. 벌거벗은 채 지금 여기의 삶에 직면할 수 없기 때문에 비인간적 경쟁이라는 자본주의 게임에 몰입해 살아간다.

과거는 무겁고 미래는 불안하다. 문제는 지금 여기에 과거나 미래가 지나치게 많이 개입해 억누르기 때문에 발생한다. 지금 여기의 삶이 쪼그라들고 제대로 숨을 쉴 수 없을 때 우리는 헛도깨비처럼 살아가게 된다. 각종 신경증과 정신병은 감당할 수 없는 과거의 무게 때문에 발생한다. 그런가 하면 미래를 위한 헛된 꿈으로 우리는 현실을 불행하게 견디며 보낸다. 노예란 다른 게 아니다. 과거와 미래에 짓눌려 자기의 뜻대로 지금 여기의 삶을 살지 못하는 사람이 노예이다. 그는 삶의 동인을 기쁨이 아니라 불안과 두려움에서 찾고 있다. 자유인이란 다른 사람이 아니다. 과거와 미래에 대해 연연해하거나 걱정하지 않고 지금 여기의 삶을 마음껏 사는 사람이 자유인이다. 두 개의 거대한 바위 사이에 끼어 제대로 자라지 못하는 식물처럼, 현재의 삶은 과거와 미래의 바위에 끼어 있다. 하지만 두 개의 바위가 존재하는 것은 아니다. 존재한다고 생각하는 것이다. 그 환영을 지워버리는 순간 우리는 쏟아지는 햇살과 드넓은 들판을 만나고 마음껏 지금 여기의 삶을 호흡할 수 있다. 천지사방에 기지개를 켜고 살아야 한다.

그러니 행복의 열쇠도 진리의 열쇠처럼 지금 여기의 삶에 있다. 내가 가진 한줌의 쌀이면 저녁 만찬이 부럽지 않다. 들여다볼 풀꽃과 하늘이 있다면 빌딩과 아이맥스 영화관의 스펙타클도 부럽지 않다. 하지만 부러워하지 않기 위해서는 비교하지 말고 시기하지 말아야 한다. 비교하지 않고 시기하지 않기 위해서는 외부의 시선과 잣대를 무조건 순응하고 내면화하는 일을 그만두어야 한다. 현상학자들의 현상학적 판단정지는 이런 외부의 편견을 제거하고 지금 여기를 알아차리고 지금 여기의 삶을 있는 그대로 보고 발견하는 기법이다. 게슈탈트 심리학의 알아차림 기법도 그렇다. 하지만 인간 자체가 사회적 존재인 까닭에 의식도 사회적인 성격을 가지고 있다. 현상학적 판단정지 내지 알아차림의 연습도 삶에서 꾸준히 지속시켜야 할 자기 성찰의 과정인 것이다.

선사들은 먹고 자고 싸는 것이 곧 도라고 말한다. 그래서 내 한 목숨, 한 생명이 필요한 것이 있으면 그대로 하고 과거의 기억과 미래의 망상에 사로잡혀 헛수고의 삶을 살지 않는다. 지금 여기의 삶이야말로 유일의 실존이고 유일의 재산이기 때문이다. '내 몸의 털 하나를 뽑아 온 세상 사람들을 구할 수 있다고 하더라도 나는 내 몸의 털을 뽑지 않겠다'고 말해 극단적 이기주의자로 몰렸던 양자(楊子)의 진실은 아마도 대의명분에 휘둘려 지금 여기의 삶을 망각하는 삶에 대한 경계 내지 조롱으로 받아들여야 할 것이다. 지금 여기의 삶을 추구하는 사람과 자본주의적 이기주의자들과는 근본적으로 다르다. 지금 여기의 삶을 추구하는 사람들은 자유를 소중히 여기는 반면 자본주의적 이기주의자들은 성공—부와 명예—을 소중히 여긴다. 현대인들은 지금 여기의 삶을 추구하는 사람들을 현실을 외면하는 이기주의자로 매도하고픈 유혹을 느낄 것이다. 하지만 그것은 근원적 자유의 의미를 몰라서 하는 소리이다. 외부의 절대적 권위를 인정하지 않으려는 태도야말로 지금 여기의 삶에 필요한 태도다.

지금 여기의 교육

반교육의 교육이 지향하는 것도 지금 여기의 삶이다. 미래의 무엇이 되기 위한 준비로서 공부를 하는 것이 아니다. 만약 미래의 무엇이 되기 위한 것이라면 최대한 가까운 미래가 되어야 한다. 내일 낚시를 하러 가는데 당장 무엇이 필요한지 모른다면 그것을 알아보고 준비하는 것과 같다. 지금 여기! 이것이 기준이다. 즉 배가 고프면 밥을 해 먹듯, 현재의 자유로운 삶을 위해 필요한 것을 하는 것이다. 자유롭게 살기 위해서 당장 필요한 것이 있다면 우리는 그것을 얻기 위해 노력할 것이다.

하지만 지금 여기의 삶을 소박하게 누리는 데 그렇게 많은 것은 필요 없다. 다만 미래에 대한 근심과 두려움을 극복하고 현재의 욕구에 정직히 응할 뿐이다. 언제 죽을지도 모르는 인생의 미래 행복을 위해 '6+6+6'의 교육을 받으며 현재를 견디는 것은 참으로 어리석은 일이다. 그런 배움은 순수한 욕구도 아니고 참된 배움도 아니다. 조장된 불안 때문에 보험을 드는 것처럼 도태와 차별에 대한 불안 때문에 지불하는 시간과 삶인 것이다.

낚시 얘기로 돌아가자. 낚시하는 법을 모르면, 해 보면서 시행착오를 겪는 게 당연하다. 하다 보면 보이고 알게 되는 게 있다. 미리 낚시법 이론을 다 듣고 낚시를 하고자 하는 마음은 자신과 현재를 믿지 못하기 때문이다. 그 안에는 실패에 대한 두려움이 있고 결과에 대한 과도한 집착이 있다. 사람들은 귀농을 하기 위해 귀농학교를 다니기도 한다. 내 생각은 귀농을 하고 싶으면 귀농학교를 다니며 착실히 준비하는 것이 아니라 최대한 가까운 시기에 귀농해 살면 된다는 것이다. 한 해 두 해가 지나면 적응하고 자기에게 필요하고 해야 할 것들이 저절로 보인다. 지금 여기의 삶에 최대한 충실하면 그 안에서 보고 배우는 것들이 넘치게 생기고 필요한 일도 하게 된다.

아이들이 지금 여기의 삶을 산다는 것은 무엇일까? 공부를 열심히 하는 것일까? 물론 아니다. 공부는 하고 싶고 필요할 때 하면 된다. 당장 필요하지도 않은 공부를 할 필요는 없다. 어른들은 아이의 세계와 삶을 존중해 줘야 한다. 아이에게는 아이의 삶이 있다는 것을 인정해 줘야 한다. 아이에게는 경험과 시행착오가 어른보다 더 많이 필요하다는 사실을 받아들여야 한다. 이 모든 것이 지금 여기의 삶을 북돋고 자유인으로 살아가도록 돕기 때문이다. 가르치지 않아도 글자를 터득하는 아이들이 있다. 주변에 하도 글자가 넘치고 아빠가 읽는 책이 궁금하니까 자신도 읽고 싶어서 글을 배우는 것이다. 시간도 읽고 날짜도 헤아리고 계산도 필요하니까 산수를 연습하는 것이다. 나이가 들면서 사회가 어떻게 돌아가는지 궁금하니까 역사도 공부하고 정치도 공부하는 것이다. 필요하고 궁금하면 하는 것이지 반드시 해야 하는 것은 아니다. 필요야말로 공부의 출발점이다. 불안이 공부의 동기가 되어서는 안 된다.

그렇다고 아이를 무책임한 방종 상태에 버려두자는 것이 아니다. 아이를 못 믿는 것은 양자를 극단적 이기주의자로 매도하는 마음과 같이 내 불안이 투사된 것이다. 아이도 가족공동체의 일원이므로 공동체에 필요한 일을 하는 것은 당연하다. 다만 아이에게 적합한 것과 아이의 흥미를 끄는 것을 고려하면 된다.

그리고 아이도 자기 결정권을 갖고 실천할 수 있도록 기회를 자꾸 주어야 한다. 아이의 삶이 가진 과제는 어른이 가진 과제와 다르다. 어른이 결혼과 일 등에 몰두하는 것처럼 아이는 놀이에 몰두할 수 있어야 한다. 그리고 주변과 평등한 관계를 갖도록 경험을 쌓으며 연습을 해야 한다. 조화롭게 사는 것이야말로 삶에서 필요한 것이기 때문이다. 지금 여기에서 발견하고 창조하며 행복할 줄 아는 아이야말로 삶의 주인이다.

농촌에 사는 아이가 농촌에서 살아가는 것을 배우는 것은 당연하다. 농촌의 학교가 도시와 국가의 지식을 강요하면 안 된다. 그것이야말로 식민교육이 아닌가? 우리는 알고 있다. 각자가 처한 환경이 모두 다르다는 것을. 그 환경에 개인이 적응해 살기 위헤 해결해야 하는 과제와 관심도 각기 다르다는 것을. 인정하자. 교과서가 두꺼우면 안 된다. 시험이 필요한 것이 아니다. 지금 여기의 삶을 살아가는 아이의 삶이 최대한 풍요롭도록 도우면 충분한 것이다.

그러므로 지금 여기의 교육은 원칙은 갖되 각론을 갖지는 않는다. 지금 여기의 삶을 사랑하고 필요한 것을 할 뿐이다.

반교육, 비폭력의 실천

> " 아이들과 상담을 하거나, 아이들끼리의 분쟁을 중재하기 위해 『비폭력대
> 화』를 읽고 대화할 기회가 있었다. 깨달은 것도 있고 배운 것도 많았다. 하
> 지만 내가 알고 있던 '비폭력'과는 뭔가 약간 달랐다. 나는 '비폭력'이 더 많은
> 일을 할 수 있을 거라 생각한다. "

비폭력 대화

비폭력 대화는 몇 년 전부터 우리나라의 교육 현장에도 소개되어 상
담이나 평화수업의 일환으로 활용되고 있다. 좋은 일이다. 나도 마
셜 로젠버그가 쓴 『비폭력대화』를 읽으며 아이들 혹은 타인과 대화
를 할 때 경솔했던 태도에 대해 되돌아볼 기회를 가질 수 있었다. 더
불어 일상에서 많은 사람들이 비폭력 대화의 원칙을 활용할 수 있다
면 오해와 다툼도 훨씬 쉽게 해결하고 줄어들 수 있을 것이라 믿는
다.

　하지만 나의 지나친 욕심일까? 비폭력 대화가 교실이나 상담실
같은 곳에서는 좋지만, 폭력적 사회와 제도의 문제에 대해서는 속

시원히 답변하지 못하고 있다는 생각이 들었다. 어찌 보면 비폭력대화는 20세기 초 세계인을 감동시켰던 간디의 비폭력주의가 개인 간의 관계 문제로 축소되고 후퇴한 흔적을 보여준다. 프로이트의 정신분석학이 뛰어난 분석임에도 불구하고 부르주아 사회의 억압과 모순을 개인화하는 경향을 보였던 것처럼, 1960년대 마셜 로젠버그가 정형화한 비폭력 대화의 실천법이 시스템적 모순은 묵과한 채 개인 간의 혹은 집단 내부의 평화문제에 한정되고 마는 것이 아닐까 하는 생각도 든다. 당연히 간디의 비폭력주의는 시대와 장소에 따라 다양하게 적용될 수 있다. 하지만 간디의 현실사회에 대한 통찰과 비폭력주의의 숭고한 힘이 교육현장에서 축소되는 것 같아 아쉬움이 남았다.

물론 간디의 비폭력주의를 축소하는 것이 로젠버그의 의도는 아니었을 것이다. 오히려 간디의 비폭력주의를 우리 대화 안에 잠재된 폭력을 제거하고 평화를 실천하는 데 적극적으로 활용하는 것이 의도였을 것이다. 이런 의미에서 비폭력 대화의 중요성과 효용에 대해서는 나도 100% 공감한다.

더불어 비폭력 대화가 계기가 되어 비폭력주의에 대해 사람들이 더 깊은 관심을 가질 수 있기를 바란다. 그런 의미에서 나는 비폭력 대화 기법의 원천인 간디의 비폭력주의에 대해 우리가 좀 더 숙고할 것을 제안한다.

간디의 비폭력주의

간디의 사상은 진리와 사랑으로 압축된다. 간디는 진리와 사랑을 샤타그라하와 아힘사라는 자이나교의 중심 교리에서 빌려왔다. 샤타그라하는 '샤타(진리)'를 '그하라(꽉 움켜잡는다)' 한다는 뜻으로 함석헌 선생이 진리 파지라는 말로 번역했다. 아힘사는 불교의 불살생 계율처럼, 자이나교의 비폭력 계율이다. '아'는 부정을 뜻하고, '힘사'는 폭력을 뜻한다. 즉 인간을 포함해 모든 생명에 대해 폭력적 행위는 물론 폭력적인 말과 생각도 거부하는 원칙이다. 바로 이 아힘사가 우리가 알고 있는 비폭력 원칙이다. 그런데 간디는 비폭력을 폭력부정과 회피의 뜻보다는 사랑의 적극적 실천으로 이해했다. 그에게서 비폭력은 사랑인 것이다. 그리고 간디에게 진리와 사랑은 하나였다.

하지만 진리와 사랑을 실천하면서 간디는 개인의 문제가 사회의 문제와 뗄 수 없는 관계임을 발견한다. 니버의 『도덕적 인간과 비도덕적 사회』처럼 인간의 선함이 비인간적 사회의 시스템에 의해 억압받는다고 생각했다. 그래서 간디의 샤타그라하와 아힘사는 비인간적 사회와의 싸움에 집중한다. 간디는 좋은 선례를 소로우의 『시민불복종』에서 찾았다. 멕시코에 대한 침략 전쟁을 감행한 미국 정부에 대해 세금 납부를 거부한 소로우의 불복종을 간디는 인도를 억압통치하는 영국의 식민정부에 대해 적용하였다. 불복종은 소극적 저항과 적극적 저항 모두를 포함한다. 하지만 비인간적인 사회와 제도에 대해 불복종하고 비타협하는 것만으로는 부족했다. 그래서 간디는 자립과 자치의 원리인 스와라지 스와데시를 주창한다. 외부의 힘에 의존해서 살면 결국 비인간의 제도와 폭력에 굴복하게 된다고 보고, 사악하고 착취적인 시스템에서 생산된 영국산 제품을 사용하는 대신 손수 목화를 심어 물레를 돌리고 옷감을 짜 입어 자립하고 아쉬람을 중심으로 한 마을공동체를 통해 자치하는 새 인도를 구상한다. 그렇다고 간디가 러다이트처럼 기계 파괴를 선동한 것도 아니다. 간디는 기계가 폭력적이거나 착취적이지 않고 평화와 행복에 기여한다면 기꺼이 그것을 채택하는 실용적인 사람이기 때문이다. 간디는 기계가 통제 가능한 인간적인 도구이기를 바랐다.

간디의 실천은 명료했다. 결과를 바라지 않고 오직 진리와 사랑을 밀고 나가는 것이다. 그렇기 때문에 적인 상대에게도 인간으로서의 사랑과 믿음을 놓지 않고 그와 나를 구속하는 비인간적 제도와 관계를 해체하는 데 모든 노력을 기울였다. 비타협 불복종과 자립자치는 바로 그것을 위한 수단이었던 것이다. 상대와 나를 모두 폭력과 악에서 구하기 위해서는 우선 내가 진리와 사랑을 잃지 말아야 한다. 그러한 까닭에 간디는 부단히 자기 성찰을 하며 진리 파지를 한다.

정치, 경제, 교육 등 모든 것에서 이 원칙이 적용되었다.

반교육, 비폭력의 실천

로젠버그의 태도도 옳다. 사람과 문제를 분리하는 것, 사람에게는 선의와 사랑을 유지하고, 문제는 분리해 함께 해결하려 노력하는 것, 그리고 공감을 통해 서로를 이해하고 선의를 불러일으키는 것이 그렇다. 하지만 이것이 사람이나 집단 간의 문제 해결 방식에 유용한 대신, 개인과 집단을 비인간적인 상황과 폭력의 구조에 빠뜨리는 시스템에 대해서는 전혀 해결책을 못 내놓는 것도 사실이다.

내가 간디의 비폭력주의를 강조하는 것은 바로 이 지점이다. 개인과 집단을 비인간적 구조와 폭력 속으로 빠뜨리는 시스템에 대한 저항이 전제되거나 최소한 병행되어야 하기 때문이다. 훌륭한 의사는 병의 증상만 완화시키는 일시적 치료보다 병의 심층적 원인을 찾아 근원을 치료하려고 노력한다. 간디가 폭력과 억압의 근원인 권력과 시스템을 해체하고 진리와 사랑을 실천하는 자립 자치 공동체를 지향했던 이유다.

근대교육의 문제는 인간을 깨우는 것이 아니라 비인간적 사회의 구성원으로 만드는 데 있다. 근대교육이 만들려는 인간은 합리적 이기주의자로서의 국민이다. 그는 무한한 이기심을 채우기 위해 경쟁

하고 이성을 이기심을 채우는 목적에 사용한다. 국가가 전파하는 역사와 표준어, 애국심에 의해 세뇌되며, 국민으로서의 의식을 습득하고, 지식 전문가들의 권위에 대한 복종을 내면화한다. 자본주의 사회의 직업인으로서의 삶이 유일한 것이라고 배우며, 학교에서 배우지 않은 것은 전근대적인 것이라는 편견을 습득한다. 자기를 발견하고 집중하고 싶은 것에 집중할 기회도 없다. 오직 외부의 평가에 좋은 점수를 받기 위해 시험공부에 매달린다. 학교는 3, 40명이나 되는 학생이 모두 같은 지식을 소유할 것을 강요하며 평등의 이름으로 전체주의적인 기획을 지속한다. 그 안에서 아이들은 자기의 삶을 잃고 자신도 잃어버린다. 그 때문에 학교를 중심으로 한 근대교육의 시스템에 복종하는 것은 자연스럽게 비인간적인 사회의 시스템에 복종하는 것으로 귀결된다.

서열화된 학교, 학력에 따른 임금 차별 등 인간을 억압하는 비인간적 제도가 계속 지탱되는 것은 한국 사회의 높은 교육 수준과 과연 무관한 것일까, 아니면 너무나 깊은 관계가 있는 것일까? 교육 수준이 높아졌는데도 불구하고 차별이 심화되었다면 교육이 차별에 기여하고 있다고 봐야 한다. 능력 사회라고 부르지만 실제로는 학력에 의한 차별 사회를 지향할 뿐이다.

이렇게 근대 학교는 자본주의의 공장 모델로 인간을 비인간화하는 데 기여하고 있다. 따라서 비인간적 제도를 유지하는 것보다 각성한 사람들이 그것에 불복종하고 저항하며 자립 자치의 교육 공동체를 만들어 가는 일이 필요하다. 그것이 반교육이다. 반교육은 인간을 비인간적 사회에 적응시키는 교육 시스템을 거부하고 인간화할 것을 요구한다. 나는 간디의 실천에서 반교육이 나아갈 방향을 본다. 그것을 진리 파지와 비폭력 불복종, 자립 자치의 공동체를 통해 이룰 수 있다고 생각한다.

국가가 필요한 지식이 아니라, 공동체에서 살아가는 사람들이 필요한 지식과 기술을 나누고 삶 안에서 형성되고 구현되는 교육이 필요하다. 간디에게서처럼 진리와 사랑은 공동체의 심장이나 마찬가지다. 진리와 사랑 외에 모두 자유여야 한다. 그런 자유에 의해 자립자치한 삶과 공동체가 꾸려질 수 있기 때문이다.

우리는 인간으로 태어나 비인간적 사회에서 살고 있다. 인간으로 태어나 인간답게 인간다운 사회에서 사는 것이야말로 참된 행복이다.

게슈탈트, 삶의 학교

"
아이들은 억울하다. 어른들은 항상 다그친다. 네가 원하는 게 뭐냐고? 하고
싶은 게 뭐냐고? 너 자신을 설명해 보라고. 하지만 아이들에게도 삶이 있다.
살아보지 않고 어떻게 이 모든 것에 답할 수 있겠는가? 어른들은 아이들이
저마다 무언가와 씨름하고 있다는 것을 알아줘야 한다. "

빼앗긴 삶

근대교육은 국가라는 거대사회의 요구를 아동에게 주입하는 방식
으로 이루어졌다. 그렇기 때문에 아동의 주체가 대상화되고, 삶이
소외되는 역효과를 낳게 되었다. 하나의 모델을 수천의 아동에게 일
괄 적용하는 공장식 기계주의로 거대학교는 운영되었다. 그 결과 학
교의 권위주의적 위계 안에서 아이들은 오이디푸스콤플렉스와 신
경증을 세습하게 되었다.

강제로 직면하게 된 교사—교과서—국가의 권위 앞에 아이들이
저항하는 것은 불가능하다. 그렇기 때문에 학생은 지식을 내면으로
부터의 감각과 경험에 의해 자발적으로 터득하고 수용하는 대신, 외

부의 권위에 눌려 억지로 집어 삼켜야 한다. 그 때문에 학교에서 배운 대부분의 지식은 삶에 통합되지 못한 채 쓸모없는 지식이 되고 만다. 시험공부의 근본적인 한계는 졸업과 함께 공부를 마감하는 것으로 드러난다. 시험이 끝나자 죽은 지식의 생명도 끝난다. 우리는 시험공부에 너무나 질렸으므로 졸업과 함께 지식 소외의 길을 자발적으로 택하게 된다. 그것은 강제로 삼킨 지식이 삶과 유기적으로 통합되지 못했기 때문에 벌어지는 현상이다. 무지보다 못하다. 삶에 통합되지 못한 지식은 단지 쓰레기가 되어 버려지는 것이 아니라, 유해 가스가 나오는 쓰레기처럼 해독까지 뿜기 때문이다. 쓰레기가 된 지식의 독은 곧 진실을 외면하고 권위에 맹목적으로 복종하는 형태로 나타났다. 강제로 삼켜진 지식은 사라지는 게 아니라 세뇌의 메아리가 되어 섣부른 편견과 단정으로 난무하게 된다.

그러니 길들여진 아동은 지식에 대해 과도하게 숭배하거나 복종할 뿐이다. 그는 지식의 주인이 되지 못한 채 자신의 체험보다 외부의 지식을 신뢰한다. 그래서 실체를 확인하고 체득하는 대신 전문가의 말을 듣고 싶어 한다. 결국 지식은 학교에서처럼 끊임없이 권력을 재생산하게 되는데, 이것은 교육 안에서 복종의 강요가 이루어졌기 때문이다.

대부분의 아동은 주입된 권위와 모순을 감내하며 불편하게 공존하기보다, 자기를 소외한 채 복종의 길을 따라간다. 그 결과 삶의 결정권을 권위를 가진 타인에게 양도하고 개인들은 막연한 불안에 사로잡혀 살게 된다. 복종의 결과 비인간적 사회를 인간화하는 것은 더욱 요원한 일이 되고 만다.

그러므로 근대교육에 대해 근원적인 질문을 제기하고, 학교를 해체하여 교육에게 빼앗긴 삶을 되찾는 것은 무엇보다 시급한 과제다.

게슈탈트

그럴 때 삶을 게슈탈트의 개념과 실천을 통해 이해해 보는 것은 퍽이나 유용하리라 생각한다. 게슈탈트(Gestalt)는 독일어로 형태, 전체를 의미한다. 특히 레빈(Kurt Lewin, 독일, 1890-1947)의 장이론에 기댄 바가 많은데, 그것은 삶 혹은 생활을 유기체가 환경과 맺는 연속적 관계 및 과정으로 해석한다. 생명은 기본적으로 지속하고자 노력한다. 그것을 항상성이라고 하는데, 항상성을 유지하기 위해 생명은 필요한 욕구를 가진다. 환경 안에서 자기를 유지하기 위해 생명은 적응한다. 즉 적응에 필요한 것들을 욕구하고 욕구가 실현되면 적응하며 안정을 얻는다. 그리고 다시 필요한 다른 욕구가 생기면 그것을 실현하려고 노력한다. 배고프면 먹으려 하고, 목마르면 물 마시려 하고, 피곤하면 잠자려 하는 것이다. 이런 일련의 상황과 과정이 곧 게슈탈트 연속이 된다. 그러나 이런 욕구가 저지될 때, 생명은 그것을 실현하려고 긴장하게 된다. 긴장은 스트레스를 축적한다. 하지만 긴장과 스트레스가 너무 강하면 적응과 항상성이 떨어지고, 결국 질병에 걸리게 된다. 개체의 삶이란 환경 안에서 욕구를 채우기 위해 꾸준히 노력하는 과정으로 이해할 수 있다. 개체의 과제에 따라 게슈탈트는 변화하고 그것이 바로 생활인 것이다. 즉 게슈탈트란 고정된 무엇이 아니라 유기체의 욕구에 따라 환경 안에서 과제가 전경으로 드러났다가 욕구가 충족되면 배경으로 물러나는 과정이 역동적으로 되풀이되면서 바뀌는 것이다. 생명은 이런 게슈탈트 연속으로 삶을 유지하는 것이다. 그것이 생활이며 생활장으로서의 게슈탈트인 것이다.

인간의 자아도 마찬가지다. 사회적 존재인 인간은 자연은 물론 여러 가지 사회적 환경 속에 자신의 욕구를 표출하고 실현하며 삶을 살아간다. 건강한 인간은 자기에 대한 확신을 가지고 그때그때 필요한 욕구를 적합하게 실현하며 살아간다. 하지만 외부 환경에 의해 심한 좌절을 경험하고 지나치게 억압을 당한 경우 신경증적 상황에 처하게 된다. 항상성과 적응력이 손상되면서 보호 본능으로 인해 긴장하고 응축하게 된다. 자신을 보호하기 위해 경직된 생각과 행동을 하며 현재의 삶 대신 과거의 기억과 상황 속에 구속되어 살게 된다. 이것을 빌헬름 라이히(Willhelm, Reich, 오스트리아, 1897-1957)는 성격갑옷이라 말한 바 있다. 성격갑옷은 자아가 환경의 위협을 견디지 못해 친 안전장치이지만, 동시에 구속이 되어 변화하는 환경에 적응하는 것을 어렵게 한다. 자신의 참된 욕구에 무감각해지고 현재의 환경을 과거에 수렴하여 반복한다. 성격갑옷 때문에 게슈탈트가 지향하는 자연스런 욕구에 따라 살며 환경과 조화롭게 사는 것이 점점 어려워 지는 것이다. 물론 사람들은 사회에서 자신의 안전을 지키기 위해 어느 정도의 성격갑옷을 가지고 있다. 그러나 그것이 지나칠 때 그 것은 과도하게 자신을 옥죄기도 하고 타인에게 비정한 공격을 가하 기도 한다.

그것을 치료하기 위해 게슈탈트 심리치료는 지금-여기의 알아차 림과 경험을 활용한다. 악몽을 겪다가 알아차리면 벗어날 수 있듯, 알아차림은 지금-여기의 현존을 가능하게 하고, 해소되지 않은 과거 의 문제를 해결하여 현재의 욕구에 충실하며 살도록 돕는다. 더불 어 알아차림으로써 우리는 자기 확장을 경험하게 된다. 그것은 개인 을 새롭게 통합한다. 이런 과정을 통해 개인은 더욱 성숙하게 되어 외부에 의지하지 않고, 스스로가 자신의 지지자가 되어 삶을 누리기 시작한다.

중요한 방법으로 셔틀링(Shutting) 기법과 심리극 등이 활용된다. 모두 현재의 체험과 알아차림을 중요 수단으로 한다. 셔틀링은 지 금 여기의 느낌 알아차림과 문제의 상황을 다시 체험하는 알아차림

사이를 왕복하는 것이다. 그 과정에서 자신의 참된 욕구를 발견하고 해결하게 된다. 충분히 체험해 해결하는 것이 게슈탈트의 목적이다. 과제의 해결은 현재의 토대가 되어 개인이 현재 삶에 충실하도록 돕는다. 심리극은 개인 혹은 집단이 가해자가 되기도 하고 피해자가 되기도 하면서 상대를 체험하면서 억압의 참된 원인을 발견하고 해결하도록 돕는다.

특히 중요한 것은 지식이나 이론을 벗어 버리고, 현재 자신의 감각과 느낌을 알아차리고 현재를 체험하는 것이다. 자신의 느낌을 알아차리고 이해하는 것 자체가 놀라운 치유의 힘을 발휘하며 분열된 자신을 통합한다. 두 과정 속에서 주체는 타자와 함께 느낌을 통한 공감과 동일시, 그리고 알아차림을 경험하게 된다. 주체가 자기 외의 상황과 존재를 느끼고 알아차리면서 주체는 지금 이 순간 자신의 참된 욕구를 발견하고 해결하게 된다. 그럼으로써 점점 더 과거가 아닌 지금 현재의 삶에 충실하게 된다. 지금 이 순간 알아차리는 현재의 삶이야말로 게슈탈트의 진정한 관심인 것이다. 그렇게 새로워진 주체야말로 외부의 권위를 거부하고 자신의 직관과 요구에 적절히 응하며 살게 되는 것이다. 이야말로 책임 있는 자유인인 셈이다. 그런 의미에서 게슈탈트 심리치료는 실존적인 자립과 자력의 기법이다.

삶의 학교

근대교육이 놓치는 것을 게슈탈트는 정확히 짚어 낸다. 아동을 대상화한 근대교육이 억압적 구도 안에서 천편일률적인 지식과 권위를 강요할 때, 아동은 현재에 살지 못하고 권위를 내면화하며 성격갑옷을 개발하게 된다. 욕구의 좌절과 억압에 의해 습득된 긴장과 성격갑옷은 현실 추수적으로 복종하는 삶을 유도한다. 하지만 게슈탈트는 외부가 아니라 아동의 내부, 바로 아동의 현재 욕구에서 성장점을 발견한다. 국영수니 체험학습이니 하는 교과목과 외부 프로그램이 아니라 아이의 관심과 욕구를 충족하고 해결하며 느끼는 만족과 자기 확신을 중요하게 생각한다. 욕구의 충족이 하나의 게슈탈트를 완성하고, 거기서 확장된 자아가 다시 새로운 게슈탈트를 열며 삶을 펼칠 수 있도록 한다. 지식의 편견 대신, 자기의 느낌과 감각을 더 존중할 줄 아는 사람이야말로 발달되고 성숙된 사람이다. 그런 사람은 늘 자신과 환경에서 즐겁게 관심과 흥미를 끄는 대상을 발견해 나가고, 그것이 삶을 풍요롭게 할 것이다.

모든 생명이 제게 필요한 것을 찾듯 아이도 제게 필요한 것을 찾는다는 관점이 중요하다. 우리는 아이들에게 수많은 '마마와 해해'를 쏟아놓는다. 이거 하지 마라, 저거 해라 등 아이의 요구와 발달을 무시한 채 지식을 강요하고 명령을 내린다. 하지만 그것이 아이의 자아를 오그라들게 하고 죽이는 것인 줄 모른다. 그리하여 많은 착한 아이는 억눌리고 순종하는 아이다. 그리고 성격갑옷을 둘러 쓴 무감각한 아이인 경우가 많다. 착하지만 불행한 아이인 것이다.

교육에서 가장 중요한 것은 결과가 아니다. 우리는 흔히 '많이 컸다'는 말을 한다. 하지만 성장의 참된 기준은 무엇일까? 아무래도 성장이라는 말을 타인에게 쓸 때 그것은 제 앞가림을 하고 사회에 기여할 정도의 자아를 갖추게 되었다는 뜻이 아닐까? 개인은 좌충우돌 시행착오를 겪으며 자신을 발견하고 자기 확신을 갖게 된다. 그러면 그는 어떤 환경이 주어져도 그 안에서 적합한 자기의 욕구와 지향을 실현해 나갈 수 있는 자신을 갖게 된다. 자기방향과 자기감각을 갖는 것, 그것이 성장의 뜻이어야 하지 않을까? 하지만 거기에 엄격한 기준이 있는 것은 아니다. 성장은 절대평가도 상대평가도 거부한다. 왜냐면 성장이란 언제나 개인 안에서 과제를 통해 거듭 완성되며 지속되는 것이기 때문이다. 성장은 서로에겐 상대적이지만 개인에겐 절대적인 것이다. 결코 단지 무엇을 잘하게 되는 것이 성장이 아니다. 그리하여 참으로 성숙한 사람은 환경 안에서 조화롭게 행동하고 자신과 환경을 통합된 존재로 인식할 것이다. 그런 일체감이 성숙의 궁극적 모습일 것이다. 그는 생태적인 삶을 고민할 필요가 없다. 그 자신이 이미 생태적인 자아를 갖고 있기 때문이다.

유태인은 물고기를 주는 대신 낚시법을 가르친다고 한다. 단지 물고기를 많이 가지면 그것으로 끝이다. 물고기는 먹거나 썩으면 그만이다. 하지만 낚시법은 평생을 살아가며 필요할 때마다 써먹을 수 있다. 우리는 물고기 같은 지식을 주려 골몰한다. 지식의 독에 대해서는 미처 생각하지 못한다. 그러나 지식에 억눌려 자기에 대한 감각과 존중감을 잃어버린다면 가장 중요한 것을 잃는 것이 아닐까? 그것이야말로 지식의 횡포요 폭력일 것이다. 더구나 성격갑옷으로 무장한 자아들에 의해 지식은 무기가 되어 사회를 억압하고 교란한다. 지식보다 체험과 느낌이 중요하다. 자기가 알고 싶은 것, 하고 싶은 것을 알고 실현할 수 있는 감각과 자신감을 갖는 것이 무엇보다 중요하다. 그것이야말로 교육의 목표다. 대안교육의 모토인 '스스로 서서 서로를 살린다'는 말은 이런 주체를 통해 비로소 가능한 이야기일 것이다.

이쯤에서 나는 금기처럼 취급되지만 가장 중요한 쟁점이 되어야 하는 사춘기 성에 대한 문제를 떠올려 본다. 2차 대전 중 라이히는 사춘기 성의 억압과 전체주의 사회의 폭력성을 날카롭게 지적했다. 아동과 사춘기의 성적 욕구를 억압하며 경직된 사고와 가치를 주입하고 성 에너지를 스포츠나 권위 숭배 등의 사회적 도구로 전환한 예는 비일비재하다. 어른들이 중고등의 사춘기 아이들을 위험하게 보는 이유는 무엇일까? 성에 대한 두려움 때문일 것이다. 왜 어른들은 아이들을 두려워할까? 그것은 자신들이 억압당한 사춘기 성에 대한 절망과 선망이 뒤엉켜 두려움으로 투사되었기 때문이다. 많은 경우 거친 아이들은 유년의 절망이나 억압이 아니라면, 현재 사춘기의 성적 억압이 전이되어 표출되기도 한다. 하지만 사춘기 성에 대해 지금의 어떤 사회도 개방적이지 못하다. 우리는 관계와 접촉에 가장 민감한 시기에 남녀칠세부동석이라는 옛말처럼 가장 심한 금기를 적용해 억압 사회를 유지한다. 성욕구에 대한 억압을 통한 사회통제만큼 효과적인 것도 없는 셈이다.

자유학교인 서머힐에서 니일(Heil, Alexamder Sutherland, 영국, 1883-1973)이 시도했던 것은 바로 아동이 스스로 성장한다는 것이 어떤 것인지 보여주는 것이었다. 자발성과 억압 없는 환경이 결코 방종이 아님을 알아야 한다. 그리고 시행착오를 겪지 않으면 무엇도 성장할 수 없음도 알아야 한다. 실패를 두려워하는 것은 외부의 권위에 지나치게 억눌려 있기 때문이다. 동기와 과정이 행복하면 결과는 별로 영향을 미치지 못한다. 삶은 결과라기보다 과정이다. 삶 자체가 과정이다. 죽은 다음에야 찾을 결과를 미리 걱정할 필요는 없다.

게슈탈트의 교육, 혹은 게슈탈트의 학교는 어려운 것이 아니다. 아이의 자유를 보장하고 아이의 욕구에 귀를 기울이고, 아이가 스스로 자신의 삶에 몰두하도록 도울 수 있으면 된다. 그 외 교과서나 체험학습 등의 프로그램이 필요하진 않다. 필요하면 아이는 스스로 찾을 것이다. 대신 우리는 삶을 풍성하게 살며 나누는 환경을 조성할 수 있다. 긍정적인 환경의 자극은 아이의 욕구를 자극하고 자기 확장이 이루어지도록 도울 것이다. 자연 안에 자급자족하는 삶과 풍요로운 나눔으로 충분하다. 개개인의 다름을 인정하고 존중하면 된다.

자유와 평등이 삶의 원리라면 아이들은 기꺼이 성장해서 정의롭고 행복한 사람이 될 것이다.

아마추어 교육론

> " 아이들은 잘 하고 못 하는 것에 너무 민감하고 주눅 들어 있다. 이것을 나는
> 잘못병이라고 부른다. 잘 하면 잘 한 대로 못 하면 못 한 대로 다 아름답게 봐
> 줄 수 없는가? 시인의 시만 아름다운 것이 아니다. 아이들이 쓴 시도 보석같
> 이 아름답다. "

전문가의 지배

현대는 전문가의 시대고 사람들은 전문가들에게 맹목적으로 복종
하는 경향을 보인다. 플라시보 효과처럼 단지 전문가이기 때문에 편
리하게 먹혀들어 가는 게 있는가 하면, 비전문가라는 이유로 옳은
것도 외면당하는 경우가 비일비재하다. 한편 2차 대전 당시 나찌의
인종학에 기반한 인종학살은 교육의 평등과 이성의 보급을 무색케
했다. 나찌가 의존하고 활용한 것이 바로 전문가들의 지식과 기술
이었기 때문이다. 사람들은 전문가들의 주장에 쉽게 설득되고 복종
하며 책임 회피의 길을 선택했다. 인간의 사회 지향적 본능이 결코
좋은 것만은 아니다. 1967년 스탠리 밀그램(Stanley Milgram, 미국, 1933-

1984)은 권위 복종 실험을 통해 사람들이 얼마나 쉽게 전문가의 권위에 복종하는지 입증하였다.

21세기는 난해한 첨단기술과 지식이 더욱 발달하면서 대중이 전문가들을 비판하는 것이 더욱 어렵게 되었다. 기업과 자본가의 영향력은 국가를 초월할 정도로 절대적인 것이 되었고, 정치는 물론 과학 등 거의 모든 사회의 시스템을 자본이 편리한 방식대로 재편하였다. 이런 상황에서 전문가들은 전체적 통찰과 도덕적 책임을 회피한 채 자신의 전문분야 발전에만 매몰된 채 후원자인 기업과 자본가를 위해 복무하고 있다. 지식의 평등은 애초에 존재하지 않았다. 대중은 전문가를 따르고 전문가는 이윤을 추구하는 자본가를 따른다. 대중의 소외와 종속을 피할 수 없다.

근대 교육의 산실인 학교를 지배하는 것도 전문가들이다. 교사는 과목별 교사자격증을 가진 사람들이고, 각 과목의 교과서는 분야별 전문가들이 자기 분야의 지식을 체계적으로 기술하여 설득하고 있다. 내 기억에도 고등학교 교과목 수가 무려 15, 6개였다. 이렇게 많은 과목들이 삶에 필요하다고 생각하는 사람은 아무도 없을 것이다. 전문분야에 대한 지식을 절대화하고 권위를 내면화하기 위해서는 평가만큼 수월한 방법도 없다. 그리고 지력 평가는 자연스럽게 인내와 복종력 평가로 기능하기도 하였다. 전문가가 이미 권위와 기득권을 가진 까닭에 학생들이 선호하는 직종도 그런 전문가가 되는 것이었다. 분업의 시대에 전문가가 되고자 하는 열망은 너무나 당연한 것이다.

하지만 전문가가 권위와 권력을 통해 배제하고 지배하는 사회 구조를 바꾸지 않는 이상 전문가에 의존하는 사회는 필연적으로 자멸의 길을 걷지 않을 수 없다. 전문가란 전인이 아니라 부분인일 뿐인데, 첨단의 기술문명 시대에 그들의 능력에 비해 영향력이 너무나 막대하기 때문이다. 최소한의 원칙과 룰이 정해지지 않은 상태에서 자본주의의 야만적인 이윤 추구 경쟁이 계속된다면 기계 문명의 폭주에 제동을 걸 장치는 아무것도 없게 된다. 서로의 눈치만 보면서 막다른 길로 치닫는 경주를 하고 있는 것과 같다. 국가의 정치력이 무력화되고 있는 상황에서 폭주를 막을 수 있는 방법은 결국 자율적 개인들의 연합에서 찾을 수밖에 없다.

과거에 비해 전문가와 대중의 관계는 완곡한 지배-종속 관계로 구축되고 있다. 각종 매체와 상업 광고를 통해 기업과 전문가들은 대중의 욕망을 조정할 수 있게 되었다. 대중문화도 전문가들의 생산과 대중의 소비라는 자본주의적 양식에 완전히 포섭되었다. 지적 소유권이야말로 자본주의 경제의 기본권이 아닌가? 당장 한국의 영화 산업만 봐도 그렇다. 대자본이 투여된 스펙타클 영화가 중심을 이루자, 대자본 영화는 반드시 성공을 해야 하는 것이 되고, 스크린의 지배와 매체 선전, 그리고 광고가 조작적으로 진행되고 있다. 음악이나 미술, 연극 등 모든 예술 장르가 전문가들의 전유물이 되었다. 과거 풍부하고 탄탄한 기층문화 안에서 두각을 나타내며 대가의 위치에 오르는 것과 대조적으로 예술도 과거 과학이 그랬던 것처럼 체계적 과정을 밟으며 전문 집단을 양성하고 있다. 이런 상황 속에서 K-POP은 문화전문가의 독점 생산과 대중 소비의 전형적 예가 되고 있다. 대중이 대상화되고 문화 생산에서 소외되게 된 것은 작은 예에 지나지 않는다. 무능한 전문가와 무능한 대중의 구도는 전사회적인 현상이기 때문이다. 우리는 문명의 위기를 대중의 위기 안에서 찾아야 한다. 전문가의 지배에 저항하고 전문가를 통제할 수 있는 대중의 영향력이 무력해졌다면 문명 자체의 불안은 결국 파국으로 이어질 것이기 때문이다.

프로와 아마

그렇다면 교육도 전문가 중심의 교육에서 탈피할 필요가 있지 않을까? 잘 하는 것보다 즐겁게 하는 것이 중요하다. 그것을 아마추어 교육이라고 해도 좋을 것이다. 전문가를 위한 전문가에 의한 전문가의 교육을 원치 않는다. 즐겁고 생성하는 과정적 교육을 원한다. '프로페셔널'(전문성)이나 '스페셜리스트'(전문가) 대신 아마추어나 딜레탕트(취미가), 제너럴리스트(보편주의자)가 필요하다. 프로페셔널이나 스페셜리스트는 목적을 위해 스스로가 수단이 된다. 그리고 그 것은 다시 타인과의 관계에서 목적을 위해 사람을 수단화하는 일을 반복하게 된다. 프로페셔널한 연주가가 되기 위해서는 어느 정도 비 인간적인 훈련이 필요하다. 스페셜리스트한 의사가 되기 위해서는 전체에서 부분을 분리해서 집중할 필요가 있다. 때문에 이들은 한 분야의 극치에 도달할 수 있지만 불안하기도 하다. 더군다나 이들 의 전문주의 안에는 과정을 희생하는 결과중심주의가 도사리고 있 다. 그렇기 때문에 프로페셔널과 스페셜리스트에겐 탈권력과 절제 의 도덕이 필요하다. 비록 순수한 동기라 하더라도 그들은 잘 하기 위해 지켜야 할 것을 잃는 것을 합리화할 수 있기 때문이다.

반면 아마추어나 딜레탕트, 제너럴리스트는 과정의 즐거움과 지 속을 안고 있다. 결과는 부가물이지 목표가 아니다. 과정의 기쁨이 소멸한다면 기꺼이 대상을 버릴 수도 있다. 그렇기 때문에 참된 아 마추어는 결과를 위해 과정을 희생하는 따위의 일은 하지 않는다. 아마추어끼리 즐거움을 나누고 서로 격려하므로 전문가들의 독점 욕과 경쟁 심리도 버릴 수 있다. 하지만 이들도 싸워야 하는 것이 있 다. 바로 결과에 대한 비교의 유혹과 찬사다. 결과에 대한 평가와 찬 사는 이들을 쉽게 프로페셔널과 스페셜리스트의 세계로 유혹하고, 반성 없는 성공은 대중을 대상화하고 소외시키는 일로 돌아가기 시 작한다. 이들이 삶을 임하는 태도는 과정적이기 때문에 미래의 성공을 기대하기보다는 현재의 즐거움과 가치를 중시한다. 적어도 이들은 자기 결정권과 통제력, 그리고 자립을 유지한다는 점에서 자유인의 성질을 가지고 있다. 프로페셔널과 스페셜리스트가 누리는 찬사와 권위가 대중의 의존과 종속으로 귀결되는 것과는 대조적이다.

아마추어 교육

그렇다면 아마추어들의 교육은 어떤 모습일까? 시를 예로 들어보자. 훌륭한 시인의 작품도 물론 좋다. 하지만 자신의 노래를 부르고 즐겁게 나눌 수 있어야 한다. 시가 생활 문화의 일부가 되지 않는다면 그런 시에 애써 높은 권위를 부여할 필요는 없다. 김소월이든 윤동주든 마찬가지다. 현재의 삶에 자양이 되는 관계가 있어야 한다. 나의 시와 내 친구의 시가 시인의 시만큼 소중하고, 서로의 시를 읽으며 감탄하고 서로가 서로를 새롭게 발견할 수 있어야 한다. 삶안에서 예술이 꽃피어야지 극장에서 피면 안 된다. 시인의 시는 그것대로 읽고 나눌 수 있다. 하지만 시인의 시를 지나치게 숭배할 필요는 없다. 운동을 할 때도 마찬가지다. 재미있게 몸을 놀리고 즐거움을 나누면 된다. 축구나 농구 등 기예가 뛰어난 선수가 되는 것은 특별한 일이므로 아마추어들의 관심이 아니다. 동네축구가 월드컵보다 소중하고, 길거리 농구가 NBA보다 소중하다는 자부심을 가져

야 한다. 프로를 위해서라도 우선 아마추어가 탄탄해야 한다. 아마
추어가 가진 지금 여기서의 즐거움이 가진 의미를 알고 소중히 여길
수 있어야 한다. 왜냐하면 대중의 자생문화는 현란한 대자본의 문화
상품 앞에 너무나 무력하기 때문이다.

아직 우리의 공기는 결과를 비교하고 선망하고 질투하는 것에
너무나 익숙하다. 경쟁과 질투 속에 만족보다는 불만이 지배하는 사
회에 살고 있기 때문이다. 그렇기 때문에 즐겁고 행복한 시간을 즐
겁고 행복하게 느끼는 법도 알아야 한다. 재미없는 수학을 모두 배
울 필요가 있겠는가? 삶에 어떤 도움이 될지도 모르는 영어를 지금
처럼 배워야 할 필요가 있겠는가? 그것이 필요하고 재미있으면 공
부하면 된다. 하지만 동기가 없는데 강제로 해야 할 의무는 없다. 지
식의 평등은 대화하고 나누는 문화에서 만들어 가야지, 주입식 의무
교육에서 만들어지는 것이 아니다.

이 모든 것의 목표는 대중이 자립하고 주체가 되어 삶을 누리며
살아가는 것이다. 결코 전문가의 권위에 복종하여 자기 결정권을 내
어 놓지 말아야 한다. 나는 자립하여 주체적인 삶을 누리는 사람을
전인이라고 부른다. 그들의 가치는 부분인에 불과한 전문가들에 비
교할 바가 아니다. 그들의 지식이 전문가에게 못 미치는 것도 아니
다. 전인은 결코 무식할 수 없다. 그리고 그들은 전문가들이 갖지 않
은 균형감과 여유가 있고, 나의 자유처럼 남의 자유도 소중하게 여

기므로 결코 남을 구속하거나 지배하려고 하지 않는다. 그러므로 전인은 자유인이기도 한 것이다. 이런 아마추어이자 딜레탕트이자 제너럴리스트야말로 고대로부터 꿈꾸었던 이상인이고 교양인이라 생각한다.

아마추어는 미숙하다는 편견이야말로 프로페셔널들의 모함이다. 아마추어야말로 즐겁고 행복한 것이다. 아마추어의 아마추어 교육을 두려워하지 말고 사랑하자. 우리 자신을 사랑하자. 우리 자신의 삶에서 모든 것을 발견하자.

생태적 시각의 교육

" 길에서 비둘기를 보며 더럽다고 발로 차는 여대생을 본다. 한편 나이가 어린 아이일수록 지렁이든 무엇이든 호기심을 가지고 더 잘 만지고 좋아하는 것을 본다. 왜 사람들은 자연을 불결한 것으로 보게 되었을까? 교육과 무관하지 않다. "

교육의 위기

교육이라는 말처럼 오해가 많은 말도 없다. 부모나 교사나 모두 경험에서 나온 교육론을 한마디씩 할 줄 안다. 그런데 교육이라는 말 뒤편엔 의식하지 못하는 사이에 수많은 욕망과 권위가 느껴진다.

그래서 나는 교육이라는 말 대신 '삶을 위한, 삶에 의한 배움'이라는 말을 더 사용하고 싶어 한다. 교육이라는 이름으로 잃어버린 아이들의 삶을 되찾고, 나아가 부모와 교사의 삶도 되찾고 싶기 때문이다.

나는 교육을 말할 때는 '근대교육'이라고 한정해서 말한다. 사실 우리가 말하는 교육 자체가 근대교육의 특수성에서 벗어나고 있지

학교는 안녕하신가

못하기 때문이다. 근대교육은 한마디로 국가의 보편교육 이상 실현을 목표로 하였다. 그것은 교육을 통해 지식의 평등을 실현하고 삶의 질을 개선하자는 것이었다. 보편교육을 통해 자본주의적 노동사회를 살아갈 국민을 길렀다. 하지만 불평등이 심화되고, 각종 전쟁과 학살도 끊이지 않았다. 급기야 교육이 아동을 지식에 대한 맹목과 권위 복종자로 만든 것이 아닌가 하는 혐의까지 받고 있다. 적어도 내가 경험한 학교 교육은 아동을 삶과 사회와 자연으로부터 유리시키고 무감각하게 만드는 것이었다.

그것은 아동을 대상화하고 대상이 된 아동에게 지식과 이데올로기를 주입하려는 국가의 의지가 꽉 짜인 구조 속에 관철되고 있기 때문이다. 그 어느 때보다 많이 배우고 유식한 이 시대에 엄청난 빈부 격차와 무지, 그리고 핵과 환경오염 등의 위기를 겪는 것은 왜일까? 온전한 정신을 가지고 사람들이 이토록 이기적인 삶의 경쟁에 매달리게 된 이유는 무엇일까? 왜 이렇게 사람들은 용기가 없고 삶에 자기 결정권을 발휘하지 못하는가? 이것은 비단 한국 교육만의 문제가 아니다. 근대교육이 자율과 자립의 평등한 원리에 의해 구축되기보다 상하의 위계 원리에 의해 구축된 까닭에 모든 나라에서 이기적 경쟁과 무지와 권위 복종이 쉽게 유포되었던 것이다.

생태적 시각의 교육

교육에서 생태적 시각을 강조하는 것은 두 가지 목적이 있다. 우선 모든 생명이 가진 삶에 대한 욕구를 최대한 긍정하자는 것이다. 나아가 많건 적건 사람에게도 자기를 실현하고픈 욕구를 긍정하자는 것이다. 어른의 삶이 있는 것처럼 아이에게도 자신의 삶이 있다. 아이들은 모두 저마다의 삶의 과제와 관심에 몰두해 있다. 중요한 것은 그것을 해결하고 거기서 확장된 정체성에 의해 연속되는 삶의 다음 장을 스스로 넘겨 가야 한다는 것이다. 교육은 그러한 실험을 돕고 격려하는 것이지 지식을 주입하고 기술을 가르치고 도덕을 강변하는 것이 아니다. 그러므로 환경과 아이의 관계의 상호 역동성이야말로 가장 중요한 과목이다. 내가 강조하고 싶은 것은 자기가 자기 삶의 주인이 되는 아동의 주체 형성과 자립이다. 그리고 그것은 발달과 자발성에 근거해야 한다.

우선 나는 가르침에 대한 모든 강박을 버릴 것을 권한다. 당위와 지식의 강박이야말로 교사나 부모가 극복해야 할 과제다. 스스로를 극복하지 못한다면 교사와 부모는 곧 아이를 이중구속의 상황에 가두고 신경증적 상황을 만들게 된다. 지식은 주체가 필요할 때 습득하면 된다. 받아들여야 할 당위가 있다면 삶의 과정에서 터득하게 된다. 오히려 우리가 신경 써야 할 것은 삶의 역동성과 풍부함이다.

긍정이고 믿음이다. 교육이 그 안에 담겨 있기 때문이다. 매스미디어와 소비로 꽉 짜인 환경은 개인의 역량을 최소화하고 의존적인 사람으로 길들인다. 비인간의 물건에 대한 과도한 집착은 주체의 빈곤을 드러낼 뿐이다.

교육의 핵심은 자득이다. 자득이 없다면 의지와 복종의 길을 걷게 된다. 자득은 주체를 강화하고 세계를 통합한다. 그것은 대단히 실존적이다. 일종의 깨달음이며 각성을 유도하기 때문이다. 자득에 의한 깨달음과 각성은 자신을 확장하고 세계와 유기적으로 통합하도록 한다. 나는 교육에서 가장 염두에 두어야 할 것이 태도와 방식이라고 생각하는데, 특히 공감과 동일시에 의한 존재의 확장이 그것이다. 예를 들어 보자. 여기 나무가 있다. 나는 나무를 본다. 현상학적 판단정지처럼 편견을 버리고 그냥 깊이 본다. 그런데 인간은 무엇을 보면 그것이 되는 거울효과를 스스로 구현한다. 무의식적으로 보는 것이 되는 경향이 있지만, 이것을 좀 더 의식적으로 활용해 내가 나무라고 생각하며 나무 안으로 나를 이동시켜 본다. 내가 나무가 되는 것이다. 나무의 입장에서 느끼고 생각하고 말할 수 있다. 이때 공감과 동일시가 더 잘 일어난다.

이제 나무는 사물이나 물건이 아니다. 또 다른 나이다. 나는 나무로 인해 더 확장되고 풍부한 삶을 살게 된다. 존재하는 모든 것들에 공감과 동일시 연습을 해 보면 우리는 나와 나 아닌 사람, 나아가 다른 존재와 소통하는 법을 알게 된다. 삶은 그 안에서 교감하며 자유롭고 풍요롭게 누리면 되는 것이다. 성숙이란 공감과 동일시 능력의 습득 유무와도 관계가 있다. 남의 아픔을 덜어 주고, 남의 기쁨을 축하해 주고, 불쌍한 동물은 보호해 주고, 식물도 함부로 꺾지 않는 마음은 개인의 삶은 물론 문명의 병도 치유해 갈 것이다. 왜냐하면 내가 곧 모든 것이기 때문이다. 현대인은 이기심에 갇혀 불행해지고 지식과 물건에 가로막혀 공감과 동일시 능력이 퇴화하고 말았다.

절대적인 지식이란 애초에 없다. 없으므로 조화롭고 행복한 삶에 기여하는 것은 서로 나누며 확장하면 된다. 이렇게 해서 교육은 곧 과정적 삶이 된다. 과정에 의해 교육은 삶의 전 과정에서 지속되며 성숙은 전일성에 도달할 때까지 계속된다. 공감과 동일시를 잘하므로 절대적 권위를 인정하지도 복종하지도 않는다. 괴테를 읽든 톨스토이를 읽든 내가 괴테고 내가 톨스토이일 수 있다. 그러면서 나는 점차 평등과 자유를 실존적으로 느끼고 적용하며 살게 된다. 진리가 몸으로 체득된다. 인간을 억압하는 비인간을 거부하고 인간과 모든 존재의 조화를 실현하려고 노력하게 된다. 이런 문화를 삶에서 지속적으로 실천해 나가는 것이 곧 교육이고 삶이다.

대안도서관을 위하여

> " 나는 꿈꾼다. 어른과 아이가 자유롭게 함께 배우는 모습을. 나는 꿈꾼다. 누구도 누구를 지배하지 않고 평등하기를. 나는 꿈꾼다. 안 돼 해 명령 대신에 할래 할까 물어보는 관계를. 나는 꿈꾼다. 신뢰와 사랑으로 서로가 서로를 바라볼 수 있기를. 사랑이 있는 곳이 학교라고 삶이 있는 곳이 학교라고. "

교육의 보편성

물론 자연이 학교고, 사회가 학교다. 마을이 학교고 가정이 학교다. 놀이터가 학교고 일터가 학교다. 논과 밭이 학교고 산과 들이 학교다. 경험이 학교고 삶이 학교다. 길이 학교고 세계가 학교다.

그리고 모든 것이 가르친다. 부모가 가르치고 친구가 가르친다. 노인이 가르치고 아이가 가르친다. 책이 가르치고 경험이 가르친다. 잘못이 가르치고 실수가 가르친다. 하늘이 가르치고, 땅이 가르친다. 염소가 가르치고, 풀꽃이 가르친다. 흙이 가르치고 바람이 가르친다. 모든 것은 가르치지 않아도 가르친다. 『우파니샤드』와 『화엄경』에는 이런 가르침이 잘 나온다.

배우고자 하는 이에게는 모든 것이 가르치고, 배울 마음이 없는 이에게는 아무도 가르치지 않는다. 유명학원 명강사는 물론 부처도 공자도 배울 마음이 없는 이는 가르칠 수 없다.

우리는 배움과 가르침을 지나치게 특수한 것으로 만들어 놓아 참으로 배우고 가르치는 것을 잊어버리고 잃어버렸다. 하지만 가르침의 보편성과 배움의 보편성이야말로 근원적 교육이다.

현대학교

이상적으로는 배우려는 의지가 있는 사람은 존재하는 모든 것들이 가르치므로 굳이 학교를 다니며 따로 배울 필요가 없다. 그에게는 세계가 곧 학교고 삶 자체가 공부이기 때문이다. 배우려는 의지는 사실 삶에 대한 사랑, 삶에 대한 열정이라고 하는 것이 옳으리라. 이러한 자율적 열정을 가진 사람에게 제도의 교육과 학교는 오히려 방해가 되고 지나치게 편협한 것이 된다. 학교라는 울타리 안에 갇힌 채 세계의 풍부한 가르침을 배제한 축소된 지식교육이기 때문이다. 그러니 우리는 가급적 자유인을 위한 교육을 교육의 기본형으로 생각하는 것이 옳다. 자연인이자 자유인으로서 모든 사람이 쉽게 배우고 나눌 수 있는 여건을 마련한 뒤에, 특별한 배움과 가르침의 장소인 학교는 선택적으로 운용되어야 한다. 더구나 지금처럼 공부가 생존경쟁의 수단으로 왜곡되고 국가의 지배와 자본의 시장으로 전락한 학교는 하루 빨리 지양해야 할 대상일 것이다. 근대학교는 실로 의무교육이라는 명분과 전체에 대한 기획으로 마련되었다. 그렇기 때문에 거기엔 전체주의적 국가주의와 자본주의 논리가 그대로 반영되어 일괄적 공장 체제로 운영되고 있다. 비인간적 시스템 안에서 인간이기를 열망한다.

학교는 태생적으로 배움보다는 가르침과 지배에 적합하다. 학생은 기존 지식과 권위에 대해 배우고 복종한다. 자연의 가르침을 받으며 조화롭게 살기보다, 사람과 자연을 더 많이 소유하고 지배할 것을 배운다. 근대학교를 졸업한 학생들이 살아가는 사회와 문화가 자연에 대해 적대적인 것은 당연하다. 우리가 학교에서 배운 지식은 세계를 대상화한 지식이고, 곧 세계를 소유하고 지배하기 위한 지식이기 때문이다. 현대인은 고귀한 인간의 지위와 가치를 상실하고, 자연과 세계에 대한 지배자가 되려고 노력하고 있다.

학교가 생존경쟁의 싸움터가 되고, 지식이 곧 능력으로 대우받고 차별을 합리화한다. 더구나 학교를 둘러싼 학제와 교과, 시간표, 평가 등 교육의 모든 것이 국가 기관의 지시와 틀에 의해 유지되고 있는 상황에서 교육은 불순할 수밖에 없다. 순수한 교육은 자유를 존중하며 가르침을 제한하지도 독점하지도 않는다. 순수한 교육이야말로 교육의 보편성과 앎의 기쁨, 그리고 조화에 대한 도덕적 감각을 잃지 않기 때문이다.

우리에게 참으로 배울 권리를 달라. 거짓의 배움은 필요없다. 하지만 불순한 교육은 국가의 이데올로기를 주입하고 자본주의 시스템을 내면화하는 수단이 되면서 개성이 넘치고 자유로운 삶의 발현을 여전히 차단하고 있다.

우리가 아이들을 학교에 보내는 것은 이미 사람다운 사람이 되라는 의미에서가 아니다. 현실의 생존경쟁에서 살아남고 가급적 지배자가 되라는 바람을 담아 아이들을 학교에 보낸다. 자본주의 사회에서 부모의 욕망은 그렇게 왜곡될 수밖에 없다. 절대권력인 국가의 정책을 거부하는 것은 몹시도 외롭고 고통스런 일이다. 다른 방식과 다른 가치관으로 산다는 것은 그것이 아무리 옳더라고 가시밭길이기 때문이다. 그러니 현실의 부모와 아이들에게 선택의 폭은 거의 없다. 기껏 명문 학교에 가 기득권을 얻는 것이나, 국가가 공인한 자본주의의 경쟁 체제에서 유리한 고지에 오르는 것이 삶의 목표이다. 하지만 그것은 진정한 의미의 선택이 아니다. 아이스크림과 과자밖에 없는 가게에서 아이스크림과 과자밖에 살 수 없는 것과 같을 뿐이다. 잘못된 게임의 규칙이 다른 모든 가능성을 배제한 상태에서 도대체 선택이라는 게 가능할까? 교육이 아니다. 생존을 위해 무작정 학교에 보내는 것이다. 생존경쟁에 모든 것을 저당 잡힌 것, 이것이 우리 교육 풍토를 지배하는 야만이다. 우리에겐 더 근원적인 선택의 자유가 주어져야 한다.

공동체

교육의 세 주체는 교사와 학부모와 학생이다. 그런데 우리는 교육을 얘기할 때 교육의 세 주체 중 학생만을 대상으로 삼는다. 하지만 교육에서 정말 병행 혹은 선행되어야 하는 것은 어른인 교사와 학부모의 변화다. 우선 교사와 학부모의 입장의 불일치가 곳곳에서 드러난다. 학교라는 특성상 교사는 공공의 차원에서 이야기를 하지만, 많은 학부모들은 현실적 원리에 따라 말하고 행동한다. 더구나 학교에 학생을 보낸 부모가 교사에 대해 비판하는 경우가 많다. 물론 교사와 학교도 비판받을 것이 많은 것이 사실이다. 그러나 학교에 학생을 보낸 이상 부모는 학교와 교사에 대해 기본적인 신뢰를 보내야 한다. 하지만 전통사회에서나 그랬지 현대 부모들은 그렇게 맹목적이기 어렵다. 그렇기 때문에 학생 안에서 자주 부모와 교사의 가치와 사고가 대립하고 학생은 부모의 그림자 안에서 교사에 대한 불신을 드러낸다. 교육에 대한 담론을 진행하기 전에 먼저 교사와 부모 스스로 배우고 성찰하며 삶의 전환을 이뤄야 한다.

부모뿐이겠는가. 아이는 사회로부터 보고 배운다. 지금은 자본주의 시장에 모든 것이 그대로 노출되어 있다. 가정도 친척도 지역사회도 울타리가 되지 못하고 있다. 학교도 말할 것 없다. 교육에서 환경의 중요성은 새삼 강조할 필요가 없다. '한 아이를 키우기 위해서는 온 마을이 필요하다'는 지혜가 온축된 말을 간과해서는 안 된다. 엄마의 자궁 속 양수의 보호를 받으며 태아가 생장하고, 가정의 보호 속에 유아기를 보내듯, 아이들은 건강하게 성장할 수 있도록 적절한 환경 속에서 보호받아야 한다. 그러한 보호 속에 아이는 안정감을 얻고 타인과 주변 세계에 대해 신뢰하고 긍정적으로 살아갈 수 있는 힘을 기르게 된다. 그런데 지금처럼 삶의 모든 영역에 자본주의 시장 원리가 스며든 상황에서 아이는 타인에 대해 신뢰감을 얻을 수 없다. 돈이 매개가 되는 한에서 얻는 신뢰는 물신주의를 길러주고, 심리적 독립 대신 의존을 길러 줄 뿐이다. 무한경쟁이 지배하는 현실 속에서 어떻게 타인과 세계를 신뢰할 수 있겠는가?

교육의 세 주체 중 두 주체인 어른의 삶이 근본적으로 변하지 않으면 교육이 제대로 이뤄질 수 없다. 학교가 무력한 것은 당연하다. 학교는 국가 앞에서도 무력하고 자본 앞에서도 무력하다. 부모는 학교의 편이 아니라 국가와 자본의 편이기도 하다. 학교도 결국 국가와 자본의 편이다. 불쌍한 것은 그 구조의 희생자인 아이들이다.

그렇다면 국가와 자본주의가 지배하는 거대 시스템의 대안을 부모와 교사가 마련해 나가야 한다. 그것이 공동체이다. 현대와 같이 개인화되고 다양화된 사회에서 공동체도 한 가지 모습을 취할 수는 없을 것이다. 농촌의 대안 마을공동체일 수도 있고, 센터 공동체일 수도 있고, 네트워크형 공동체일 수도 있다. 어른들이 공동체 일원으로서의 자각을 가지고 서로를 지지하며 사회문화적 환경을 형성할 수 있다면 이것이 곧 아이를 제대로 키우는 마을이 될 것이다. 부모 혹은 개인들의 연결은 우선 어른 스스로가 대안의 삶을 살아가는 데 지지가 되어 줄 뿐 아니라 서로가 연결됨으로써 지역적 물질적 심리적 안전망이 되어 줄 것이다. 물론 아이들에게도 대안의 마을 역할을 할 것이다.

교육은 이러한 다양한 대안 공동체 안에서 자라는 아이들에게 비로소 실현될 것이다. 이기심을 넘어 공생공존의 길을 찾아가는 삶은 어른과 아이 모두의 과제이다.

대안도서관

도서관은 오래된 미래다. 문명의 탄생과 함께 만들어지기 시작해 점차 공공성을 확보해 가며 인류의 자산을 지키고 보존하여 미래 세대에게 전하여 왔다. 과거를 재발견하는 장소이기도 하지만 현재를 조명하고 미래를 새롭게 창출하는 장소이기도 하다. 도서관은 소통의 공간이다. 그것은 지역에 있지만 지역과 시간을 뛰어넘어 세계와 소통한다. 도서관은 지식을 가장 풍요롭게 저장하고 나눌 수 있는 곳이다. 또한 도서관은 공공성의 상징이다. 만인이 소유하고 만인에게 평등하다. 연령과 성, 학력에 제한을 두지 않는다. 도서관이야말로 자율과 민주의 공간이다. 개인은 자유롭게 자기가 원하는 지식에 접근할 수 있으며 토론하고 나눌 수 있다. 도서관의 공기에는 공공의 보이지 않는 룰이 감돈다.

이런 도서관을 새롭게 활용한다면 대안도서관은 대안마을의 심장으로서 훌륭하게 기능할 수 있을 것이다. 대안도서관은 시대의 요청에 부응하여 기존 도서관의 기능을 유지하면서도 다양하게 변신할 수 있다. 공공 문화센터, 학교, 회의장, 공연장, 출판사 등 다양한 기능을 포괄할 수 있다는 점에서 '살아 움직이는 공간'이다. 대안도서관에 대한 확고한 철학과 동시에 유연한 실천이 결합된다면 대안도서관이야말로 일찍이 계몽주의자들이 꿈꾼 자유와 평등, 그리고 박애의 실험실이 될 것이다. 대안도서관은 개인의 학습 공간이자 생활공동체의 문화 공간이며 민주주의의 토론장이기 때문이다.

아무리 훌륭한 도구가 있어도 제대로 이용하지 않으면 '돼지 목에 진주'라는 표현이 적합한 지경이 되고 만다. 모든 도구는 도구 자체보다 그것을 사용하는 사람들의 역량에 따라 전혀 다른 것으로 실현된다. 도서관도 그렇다. 국가가 정책적으로 운용하고, 시민이 수동적으로 도서를 대출하고 몇 가지 프로그램에 참여하는 것으로는 부족하다. 관료적 운영은 자율적 공간의 가능을 원천적으로 제한한다. 자율적 개인들이 기존의 지배 시스템에서 벗어나, 자신들의 생활문화의 거점으로 활용하면서 공공의 중심으로 재영토화해야 한다.

주변의 환경과 건물, 내용, 프로그램을 비롯해 다양한 용도, 즉 토론, 강좌, 공연, 출판, 회의, 축제 등을 발생시켜 복합화·계열화하고 유기공간이 되도록 해야 한다. 이것이 바로 도서관의 재영토화 작업이다. 지식은 결코 정적으로 소유되는 것이 아니다. 유태인의 도서관 예시바(Yeshiva)처럼 개인을 넘어 질문하고 토론하는 생활문화의 일부가 되어야 한다. 시끄러운 토론과 나눔을 통해 지식은 생생히 살아가게 된다. 삶과 결합되지 않은 채 독점된 지식이 삶을 소외시키는 것과 정반대이다. 이렇게 대안도서관이 문화 허브로서 마을문화를 일구어 나간다면 학교와 극장을 분리할 수 없게 된다. 대안도서관은 어른과 아이도 어울려 관심에 따라 함께 배우고 즐기며 나눌 수 있는 폭넓은 복합공간이다.

대안도서관은 다른 도서관 및 마을 단체와 네트워크를 구성하고 연대하며, 점차 마을 정치를 구현하는 코뮌의 공간으로 성장할 수도 있다. 도서관이야말로 소통의 허브이기 때문이다. 도서관의 구심력은 공간적으로 대안마을을 통일하고, 원심력은 세계와 소통한다. 물론 시간적으로 과거와 미래가 만나 소통하는 공간이기도 하다. 시장 대신 도서관에서 호혜의 만남과 나눔 축제를 열어 보자.

대안도서관은 확실한 구심이 있으므로 폐쇄적으로 운영되지 않는다. 도서관은 만인의 것이므로 지역 사람들의 문화와 교육을 지원할 수도 있다. 전통적으로는 도시와 동떨어져 문화적 낙후지역으로 취급받던 곳에서도 대안도서관에 의해 살아 있는 문화와 고급문화가 창출되어야 한다.

도서관은 정보와 문화의 허브로서 진정 공유의 가치를 실험하는 곳이다. 책뿐 아니라 음반, DVD, CD 등의 시청각 자료를 통해 자율적 공부의 마당을 마련할 수 있으며, 더불어 공유의 대상을 점차 비문화적인 것으로 확대해 나갈 수 있다. 처음에는 모두가 함께 사용할 수 있는 도구에서부터 시작해 점차 생활 전반으로 확장해 갈 수 있다. 공공 가치의 거점이기 때문에 가능한 일이다. 자본주의 사회의 독점과 이기주의를 버리고 점차 공공영역을 강화하는 일을 해 나갈 수 있다. 그런 의미에서 대안도서관은 과거의 독서 중심 도서관을 한 단계 넘어서야 한다. 그것은 결코 정적이고 개인적인 공간이 아니다. 동적이고 공적인 공간이다. 단층의 평면 공간이 아니라 중층의 복합 공간이다.

하지만 하루아침에 생존경쟁으로 점철된 시장의 삶을 벗어나 상호부조의 원리로 살아가는 것은 어려울 것이다. 그렇다면 삶을 통해 즐기며 연습을 하자. 한국 사회가 강요하는 생존경쟁의 압박과 도태의 두려움과 맞서며, 자기 삶의 주인으로 일어서려는 사람들의 전환을 연습하는 곳이 곧 대안도서관이 될 수 있다. 대안도서관 자체가 연령을 초월한 성인 참여의 대안학교이자 대안공동체의 실험실이기 때문이다.

진리의 상아탑이라고 자처하며 모 대학이 자유·정의·진리를 모토로 걸었지만, 상아탑의 순수성이란 사실 삶을 외면하고 대중을 지배하는 순수성이 아닌가? 도서관이야말로 만인에게 허용된 자유와 정의와 진리의 공간이다. 그러니 도서관에 들어가는 자여, 사심을 버려라. 그곳은 우정과 박애의 공간이다. 계몽의 등불인 자유, 평등, 박애 아래 삶의 진리를 나누자. 정의는 평등과 함께 하리니, 도서관이야말로 만인을 초대한다.

대안도서관은 또한 자유의 실험실이다. 도서관이 싫으면 안 나오면 된다. 빌린 도서 반납의 의무 외에 의무가 없다. 자유로운 개인이 자율적으로 다양한 분야에서 독서 토론회를 조직할 수 있다. 자유인들의 자율 활동이 바로 학교를 대체해 나갈 것이다. 자유와 자율의 가치 아래 개인의 관심과 성향은 100% 반영될 것이다. 지식은 능동적 이해로 구성되는 것이다. 책을 읽고 토론하고 정리하는 것 자체가 주체의 능동적 참여와 지식 구성을 필요로 하기 때문이다. 모든 것이 필요와 관심에 부응하기 때문에 강제와 의무가 필요없다. 그것은 필요에 따라 토론, 강좌, 포럼 등 다양한 형식을 만들어 낸다. 당연히 연령 제약도 없다. 관심에 따라 자율적으로 모이므로,

해체도 자유롭다. 자유와 평등 그리고 사랑이야말로 도서관의 이념이므로 어떤 개인도 차별받고 지배받지 않는다. 물론 관심이 심화되면 적극적으로 지식을 생산하는 곳으로 변해 갈 것이다. 연구소와 출판을 겸하며 점차 생태연구소, 코뮌 실험실 같은 걸 만들 수도 있을 것이다.

지역적이며 동시에 세계적이라는 말이 도서관만큼 적당한 곳이 있을까? 도서관은 당연히 지역이 처한 현실 문제와 세계 문제에도 관심을 가질 수 있다. 왜냐하면 도서관의 목적 자체가 삶에 기여하고 세계와 소통하는 것이기 때문이다.

한국 사회는 이미 자본의 축적이 지나치리만큼 진행되었다. 마을마다 도서관을 가질 만큼 물적 토대가 마련되었다는 뜻도 된다. 출판과 인터넷의 편리 덕분에 정보의 접근성도 놀라울 정도로 발달했다. 문제는 이것을 활용하는 새로운 마인드가 부족하다는 것이다. 무한성장의 신화에 쫓겨 파멸적 경쟁에 빠지는 것을 그만두고 이미 있는 것을 제대로 옳게 활용하는 방법과 실천에 대해 고민할 시기이다. 타성을 바꿀 발상의 전환이 필요하다.

이런 모든 것을 위한 물적 토대는 넘치지만 아직 전환이 없는 것은, 철학과 의기투합이 없기 때문이다. 생각해 보라. 지금 각 마을마다 있는 마을회관을 쉽게 도서관으로 전환한다면 얼마나 좋겠는가? 자율적 주체의 각성과 사고 전환, 그리고 결단이 있다면 얼마나 좋겠는가? 대안도서관을 통해 학교가 마을로 돌아오고 주민이 학교의 주인이 된다고 생각해 보라. 얼마나 벅찬 일인가? 국가의 정책에 복종하고 끌려 다니는 순박하기 이를 데 없는 백성의 정체성을 스스로 벗어나지 않는다면, 대안도서관이란 여전히 넌센스에 지나지 않을 것이다.

잠든 나를 깨우고, 잠든 도서관을 깨우자. 도서관에서 우리는 모두 평등하다.

학교는 안녕하신가

등 록 1994.7.1 제1-1071
1쇄 발행 2014년 1월 29일

지은이 심규한
펴낸이 박길수
편집인 소경희
편 집 조영준
디자인 이주향
관 리 김문선

펴낸곳 도서출판 모시는사람들 110-775
　　　　서울시 종로구 삼일대로 457 수운회관 1207호
전 화 02-735-7173, 02-737-7173
팩 스 02-730-7173
인 쇄 (주)상지사P&B(031-955-3636)
배 본 문화유통북스(031-937-6100)
홈페이지 http://blog.daum.net/donghak21

값은 뒤표지에 있습니다.
ISBN 978-89-97472-59-8   03370

이 도서의 국립중앙도서관 출판시도서목록(CIP)은 e-CIP 홈페이지(http://www.nl.go.kr/
ecip)에서 이용하실 수 있습니다.
(CIP제어번호: 2014000043)